ゼロからの
都市経済学講義

大阪学院大学
経済学部准教授

相川眞一［著］

創成社

はしがき

本書は、大学の**「都市経済学の入門書」**として書かれたものである。都市経済学とは、都市の発展および都市の形成発展過程を理論経済学、統計学等で分析し、都市問題という観点から研究考察をし、社会貢献を達成する学問と認識している。

都市経済学が通常の経済学と異なる最も大きな点は、**「空間による経済分析」**が重視されることではなかろうか。**郊外から都市への「ヒト・モノ・カネの移動」**には、「時間とコスト」がかかる。それ故に、一般論として、駅に近いほど、都心に近いほど地価が高いのである。なぜならば、都心に近いほど移動するための時間とコストが少なく、都心への空間が短縮されるからである。しかしながら、新型コロナウイルス禍によるテレワーク導入で、この原則が少し崩れるかもしれない。我々は、オンライン技術によって、**「空間・時間によるコスト」から解放される可能性**がある。

本書は、深く分析するというレベルに到達していないし、数式やグラフもあまり使用していない。都市経済学の基礎を学ぶ入門書という観点で執筆しているので、その点はご了承いただきたい。

都市経済学を学ぶ主たる意義を列挙しよう。（1）空家、少子高齢化、地球温暖化、欠陥住宅、都市景観、相続、東京一極集中問題等の喫緊に解決すべき都市問題の解決の糸口を探るヒントを学べる。（2）防災・減災の知識を身につけ、自分および他人を守る**（自助・共助）**術を学べる。（3）疫病等予測困難な将来について自ら考える発想力を養成することができる。

さらに、本書は、**社会人の方々の「学び直し」**をも意識して書かれている。**人生100年時代、まだまだ先は長いのである。**読者の皆様には、ますます学んでいただければと願ってやまない。

2021年4月

大阪学院大学経済学部准教授　相川眞一

目次

第5章 都市と土地制度の変遷……111

第6章 都市と疫病と経済政策……121

第7章 都市のニューノーマル……153

第8章

初学者のための練習問題50選……175

第1章　都市とは

1．都市とは

都市とは、多数の人口が比較的狭い区域に集中し、その地方の政治・経済・文化の中心となっている地域である（注1）。都市は規模の大小を問わないが、**都**（みやこ、田舎の対峙する用語）は比較的規模の大きい都市を指すことが多い。また、都には、「雅《みやび》やかではんなりしている」「天皇陛下がお住まいになる土地」等の意味がある。本格的な都とされた藤原京以降を列挙してみよう（図表1－1）。

図表1－1　藤原京以降の都（南朝を除く）

都　名	現在の都市名	年　号	都びらき時の天皇
藤原京	奈良県橿原市	694～710年	文武天皇
平城京（第一次）	奈良県奈良市	710～740年	元明天皇
恭仁京《くにきょう》	京都府木津川市	740～743年	聖武天皇
紫香楽宮《しがらきのみや》	滋賀県甲賀市	743～744年	聖武天皇
難波京《なにわきょう》	大阪府大阪市	744～745年	聖武天皇
平城京（第二次）	奈良県奈良市	745～784年	聖武天皇
長岡京	京都府長岡京市 向日市・京都市	784～794年	桓武天皇
平安京	京都府京都市	794～1868年	桓武天皇
福原京	兵庫県神戸市	1180年	安徳天皇
東京府→東京都	東京都	1868年～	明治天皇

2. わが国における都市の歴史

幕藩体制では、農業生産力で石高が決定されたため、金沢は御三家に匹敵する人口があった。「米をたくさん生産できる」➡「市民が食べていける」という理由で、米どころの石川県や新潟県が人口第一位だったことがある。しかしながら、太平洋ベルト地帯での工業化により、農家の次男坊が東京や大阪に流出した。その後、大阪は紡績業が発達し、東洋のマンチェスターと言われた。1925年国勢調査では、**1位：大阪市**（**211・5万人**）、**2位：東京市**（**199・6万人**）、**3位：名古屋市**（**76・9万人**）と、人口・面積とも日本一の都市となり、「**大大阪**《だいおおさか》」と言われたのである。

1888年に「**市制・町村制**」が公布され、1889年に**東京市・京都市・大阪市は国の直轄**とする特例が設けられる（1898年まで）。

大正から昭和にかけて、東京市に加え、横浜市・名古屋市・京都市・大阪市・神戸市で、府県と大都市との**二重行政の弊害**を除去し、府県からの分離を目指す**特別市制運動**が起こった。

1943年に、首都である東京の国政に与える影響が大きいことを鑑み、首都経営に相応しい体制を確立し、行政の統一や簡素化を図ることを理由に**東京都制が閣議決定**された。

図表1－2　わが国の都市人口ランキング（注2）

順位	都市名	所属	人口（1873年）	人口（2015年）	種　類
1	東　京	武蔵	595,905人	9,272,740人	特別区部
2	大坂(大阪)	摂津	271,992	2,691,185	政令指定都市
3	京　都	山城	238,663	1,475,183	政令指定都市
4	名古屋	尾張	125,193	2,295,638	政令指定都市
5	金　沢	加賀	109,685	465,699	中核市
6	広　島	安芸	74,305	1,194,034	政令指定都市
7	横　浜	武蔵	64,602	3,724,844	政令指定都市
8	和歌山	紀伊	61,124	364,154	中核市
9	仙　台	陸前	51,998	1,082,159	政令指定都市
10	徳　島	阿波	48,861	258,554	—
11	萩	長門	45,318	49,560	—
12	首里（※）	琉球	44,984	319,435	中核市
13	富　山	越中	44,684	418,686	中核市
14	熊　本	肥後	44,620	740,822	政令指定都市
15	神　戸	摂津	40,900	1,537,272	政令指定都市

※1954年に那覇市への編入により，合併消滅した。

図表1－3　日本の大都市制度概要（1）・都制度

広域自治体	都	道府県
基礎自治体	区	市町村

図表1－4　日本の大都市制度概要（2）・特別市制度

広域自治体	特別市	都道府県
基礎自治体	特別市	市町村等

図表1－5　日本の大都市制度概要（3）・政令指定都市制度

広域自治体	政令指定都市	都道府県
基礎自治体	政令指定都市	市町村等

図表1－6　政令指定都市指定の流れ

1956年9月	横浜市・名古屋市・京都市・大阪市・神戸市
1963年4月	北九州市
1972年4月	札幌市・川崎市・福岡市
1980年4月	広島市
1989年4月	仙台市
1992年4月	千葉市
2003年4月	さいたま市
2005年4月	静岡市
2006年4月	堺市
2007年4月	新潟市・浜松市
2009年4月	岡山市
2010年4月	相模原市
2012年4月	熊本市

そして、同年に**地方自治法**が施行され、1947年より**都制度**（東京都に適用）ができた。

同法では、**特別市制度**が盛り込まれ、「50万人以上」の人口を条件としていた。横浜・名古屋・京都・大阪・神戸の5都市にとっては、長年の念願であった。しかしながら、「特別市は、都道府県の区域外とする」という条文規定があり、府県は、5大都市が独立することに大反発をした。結局、この制度は、実現せずに廃止された。

代わって創設されたのが、**政令指定都市制度**である。

この際、府県からの権限移譲は一部であったことが、二重行政の問題が肥大化した原因と考えることができる。

かくして、1956年に5都市でスタートした政令指定都市は、2001年に国が政令指定都市の人口要件を70万人程度に緩和し、現在は20都市になってしまったが、名門金沢市は入っていない。なお、1981年に「世界初の海上都市」として、ポートアイランドが完工した。

また、1996年に、中核市の制度が施行された。現在は、政令指定都市は人口50万人以上、中核市は20万人以上が要件である。

3. 平成の大合併

1997年に政府の「地方分権推進委員会」が合併推進を勧告(第二次)し、1999年に平成の大合併第一号である兵庫県篠山市が誕生した。

国が考えたメリットは、(1)広域的まちづくり、(2)サービ

図表1－7　合併の効果(注3)

	1999年3月末	2008年11月1日
自治体の平均人口	26,085人	91,842人
平均面積	100.9㎢	357.4㎢
市町村の職員数	1,545,932人	1,338,623人
市町村の議員定数	61,595人	38,356人

スの高度化・多様化および（3）行財政の効率化である。

4．大都市制度のあり方

政令指定都市は、独立を求める大都市と権限および財源を失う道府県との対立時の妥協策であった。その後、道府県と政令指定都市との対立が大きくなり、解決策として、2つが議論されてきた。

1つ目が、大都市法による**都制度**の導入である。政令指定都市が道府県に吸収される制度であるが、2020年の大阪都構想関連の住民投票では、否決された。

2つ目が、全く逆の方法である**特別自治市制度**である。横浜市等全国の政令指定都市は、特別市をバージョンアップさせたような特別自治市構想の実現を目指している。特別市制度は既に地方自治法から削除されているため、特別自治市を実現するには、法改正をしなければならない。

5．日本は人口が少ないのか

日本は、世界第11位の人口を有し、決して少ないわけではない。問題は、平均年齢である。

図表1-8　世界の人口ランキング（注4）

順位	2019年の人口 （　）内は平均年齢		2040年の人口 （　）内は平均年齢	
1	中　　国	14.39億人(38.4)	イ ン ド	16.39億人(38.1)
2	イ ン ド	13.80億人(28.4)	中　　国	14.02億人(47.6)
3	アメリカ	3.31億人（38.3）	ナイジェリア	4.01億人（22.4）
4	インドネシア	2.74億人（29.7）	アメリカ	3.79億人（42.7）
5	パキスタン	2.21億人（22.8）	パキスタン	3.38億人（30.0）
6	ブラジル	2.13億人（33.5）	インドネシア	3.31億人（37.4）
7	ナイジェリア	2.06億人（18.1）	ブラジル	2.29億人（45.1）
8	バングラデシュ	1.65億人（27.6）	エチオピア	2.05億人（27.1）
9	ロ シ ア	1.46億人（39.6）	コ ン ゴ	1.94億人（22.1）
10	メキシコ	1.29億人（29.2）	バングラデシュ	1.93億人（40.0）
11	日　　本	1.26億人（48.4）	:	
			日　　本	1.06億人（54.7）

２０４０年には、平均年齢50歳を軽く突破する。中国も日本ほど深刻でないにせよ高齢化社会である。その点、インドが人口および若さの両方で世界を席巻するだろうし、さすがアメリカ、20年後も影響力は維持できるであろう。

世界の人口は、２０２０年時点で約78億人。国連の推計では、21世紀いっぱいは増加し、２１００年に１０９・75億人でピークに達する可能性がある、としている。しかしながら、米ワシントン大学は、２０２０年７月に、人口のピークは２０６４年の97億人で、今世紀末には88億人まで減少するという予測を発表した。また、**ダリル・ブレッカー**および**ジョン・イビットソン**は、共著『２０５０ 世界人口大減少』

の中で、2050年より人口は減少し、せいぜい90億人だという。キーワードは、**「都市化」**と**「女性教育」の2本立て**である。

発展途上国を中心に世界的に都市化が進んでいる。**都市では第一次産業が少なく子供は労働力の足しにはならないどころか、教育等でコストがかかり、出生率が低下している国が増加**している。また、**教育による女性の社会的地位の向上および経済的自立**により男性への依存度が低下していることも出生率の低下を後押ししているという。

私は、「子供をたくさん産んで人口増加を図らないと、日本の経済成長はない」という一部の経済学者の意見には違和感を感じる。そういうことよりも、労働生産性の向上であろう。

6. 都市化

都市化（urbanization）とは、農林漁村から都市へ人口集中することまたは都市の政治・経済・文化・風習等が都市周辺や農林漁村に浸透していくことをいう。

都市化は、経済の近代化・工業化により、都市での労働力の需要が高まり、都市と農村漁村等との所得格差が増大し、都市への大規模な人口移動が生じる（図表1-9）。

図表1－9　都市化の実態（注5）

	都 市 人 口	世界人口に対する割合
1900年	約2億2,000万人	約13%
1950年	約7億3,200万人	約29%
2018年	約38億人	約55%
2030年（予測）	約49億人	約60%

図表1－10　都市評価の種類

名称	評価主体	対象都市数	実績
世界生活環境調査	マーサー	230	2005年～
世界の都市力比較	PwC	30	2007年～
世界の都市総合ランキング	森記念財団	40	2008年～
Greeen City Index	EIU, Siemens	120	2009年～
ISO37120	ISO	17	2012年～

7. 都市評価

主たる都市評価は、図表1-10に列挙したが、私は、対象都市数が多く、第三者立場の強いマーサーの評価を参考にしている。

私は、今まで、賃貸住宅やホテルを利用し、さまざまな都市に住んできた。いわば、都市マニアである（図表1-11）。

8. 都市力

政令指定都市のＧＤＰと１

図表1－11　私の住んだ都市（社会人になって以降）

順位	都市名	宿泊日数	場　　所
1位	神戸市	約2,800泊	王子公園・大日通・花隈・元町・三宮・ポートアイランド・メリケンパーク（含：野宿）
2位	東　京（23区）	約1,700泊	水道橋・神田・後楽園・飯田橋・大塚・新宿・蒲田・浅草・東銀座
3位	横浜市	約500泊	横浜駅前・関内・桜木町
4位	豊中市	約400泊	庄内西町
5位	名古屋市	約300泊	名古屋駅前
6位	大阪市	約55泊	大阪駅前・中津・難波
7位	福岡市	約50泊	中洲・天神・平和台・雑餉隈

人当たりのＧＤＰとの関係を分析してみる。

江戸時代に天下の台所と言われた大阪市が、圧倒的首位である。横浜市は、市内ＧＤＰは第2位である。私も、横浜ベイスターズおよび松坂大輔擁する横浜高校が優勝した１９９８年より横浜で仕事をしているので、横浜市ＧＤＰの中には私の微々たる売上が入っているわけである。しかしながら、市内ＧＤＰ÷人口では第14位と極端に低く、大阪市の半分にも満たない。これは、「横浜市内に住んでいる人の多くが東京で働いている」すなわち、**横浜が東京のベッドタウン化**していると言えるのではなかろうか。そうだとすれば、東京がもし**ロックダウン**されれば、食い扶ちに窮するであろう。そういう意味で横浜市は、政令指定都市の中では特殊な存在である。逆に、三大都市圏以外の地方都市では、仙台市・福岡市・広島市の１人当たりＧＤ

図表1－12　政令指定都市GDPベスト15（注6）

順位	市内GDP		市内GDP÷人口	
1位	大阪市	18.74兆円	大阪市	698万円
2位	**横浜市**	**12.34兆円**	名古屋市	542万円
3位	名古屋市	12.32兆円	仙台市	458万円
4位	札幌市	6.49兆円	福岡市	429万円
5位	福岡市	6.46兆円	広島市	421万円
6位	神戸市	6.10兆円	京都市	413万円
7位	京都市	6.07兆円	神戸市	396万円
8位	川崎市	5.14兆円	新潟市	386万円
9位	広島市	4.98兆円	岡山市	372万円
10位	仙台市	4.89兆円	千葉市	360万円
11位	さいたま市	4.06兆円	川崎市	355万円
12位	千葉市	3.47兆円	北九州市	348万円
13位	北九州市	3.37兆円	札幌市	335万円
14位	新潟市	3.13兆円	**横浜市**	**333万円**
15位	岡山市	2.65兆円	さいたま市	327万円

Pは大きい。これらは、他の都市のベッドタウンではなく、それぞれが**職住近接**という点で完結しているのである。

9．メガシティ

メガシティ（megacity）とは、人工建造物・居住区や人口密度が連続する都市化地域である都市的集積地域（urban agglomeration）の居住者がすくなくとも1，000万人を超える都市部である。（注7）

メガシティとしては、東

図表1－13　メガシティ世界ランキング（注8）

順位	メガシティ名	国名	人口
1	東京	日本	35,303,778人
2	ジャカルタ	インドネシア	31,200,000
3	デリー	インド	28,500,000
4	ソウル‐仁川	韓国	25,960,000
5	ムンバイ	インド	23,645,000

京が世界第1位である。

10．都市経済学とは

都市経済学（urban economics）とは、都市の発展および都市の形成発展過程を理論経済学、統計学等で分析し、**都市問題**という観点から研究考察をし、社会貢献を達成する学問と認識している。

昨今、新型コロナウイルス禍によって**田園都市論**が再注目されている。これはイギリスの経済学者**エベネザー・ハワード**が一世紀以上前に提唱したもので職住近接を重視したのに対し、**渋沢栄一**（1840～1931）は、1918年に田園都市（株）（現在の東急（株））を設立し、緑豊かな都市を創造した。

注

（注1）『デジタル大辞林（小学館）』による。
（注2）『日本地誌提要』および2015年の国勢調査（総務省統計局）による。
（注3）総務省の資料により相川が作成した。
（注4）『国連人口推計2019年版』による。
（注5）『国際連合世界都市化予測』報告（United Nations World Urbanization Prospects）『国際世界都市人口予測・2018年改訂版』（United Nations.2018 Revision of World Urbanization Prospects）による。
（注6）県民経済計算（内閣府が平成28年6月公表）による。
（注7）国際連合統計局の定義による。
（注8）国際連合統計局の定義による。

第2章 東京五輪・大阪万博・宅建士・地価の四位一体研究

1. 五輪と都市計画

２０１３年9月7日、国際オリンピック委員会（ＩＯＣ）は、ブエノスアイレスで開いた総会で、２０２０年の**第32回夏季オリンピック大会の開催都市に東京を選んだ**。

選手村の用地面積は**44ヘクタール**。敷地に陸上トラックやプール、テニスコート等を備え、海沿いにジョギングコースも設置する。部屋から東京湾の景色が堪能できるように設計される。きれいな**夜景**を観れば、**選手は競技や練習の疲れを癒すことができる**であろう。部屋から メーン食堂やバスターミナルに徒歩6分以内で到着できる。**温室効果ガス削減**のため、電気自動車や太陽光発電も採用される。また、水素エネルギーで電力を賄う**「水素タウン」**も計画されている。**五輪後、選手村の建物は改装され、分譲マンション・賃貸マンションとして一般の人々に利用**される。

2. 東京五輪・大阪万博・宅建・地価の連動性

宅建士試験は、1958年に**宅地建物取引員資格試験**としてスタートした。**初年度こそ3万人が受験したが、2年目は3分の1の受験者数に激減**した。そこに、**東京五輪開催決定**である。図表2-1を見てほしい。東京五輪決定から東京五輪開催年までに実に受験者数が**3倍以上**となり、合格率は**90％台から20％台へと急降下**した。

今、世の中で発生していることを分析するには、**歴史を辿ることが一番**である。ビスマルクは、「愚者は経験に学び、賢者は歴史に学ぶ」という言葉を残したと言われている。左記1958年からの出来事を紐解いて、経済を振り返っていきたい。

東京五輪翌年の1965年に、**受験者数が約40％も減少**したのは、五輪景気が終了し、**「証券不況」**に陥ったということもあるが、この年より**問題数が30問から40問に増加**したことも大きな原因である。問題数はその後、**1981年に40問から50問に増やされた**が、やはり受験者数は減少している。ところで、**東京五輪に向け整備された東海道新幹線・首都高速・下水道・マンション……日本の技術を世界中から集まったお客さんにアピールしたわが国は、6年後の1970年に再び世界の脚光を浴びる**ことになる。**日本万国博覧会（EXPO'70）**である。大阪吹田の千里丘陵で開催されたこのイベントでは、動く歩道・テレ

図表2－1 (注1)

年　度	主な出来事	受験者数（名）	合格者数（名）	合格率（%）	地価公示銀座最高地点価格（万円）	好　不　況
昭和33	宅建誕生	**36,646**	34,065	**93.0**		岩戸景気（昭和33年7月～36年12月）
34	東京五輪決定	**12,876**	12,649	**98.2**		
35		**15,051**	12,502	83.1		
36		**17,935**	11,662	65.0		
37		**20,004**	12,339	61.7		五輪景気（昭和37年11月～39年10月）
38		**33,189**	14,059	42.9		
39	**東京五輪，万博決定**	**39,825**	9,040	**22.7**		五輪後，証券不況
40		**23,678**	10,177	43.0		いざなぎ景気（昭和40年11月～45年7月）
41	人口1億人突破	24,528	8,995	36.7		
42		32,936	9,239	28.1		
43		42,960	10,392	24.2		
44	人類月面着陸	60,965	31,398	51.5		
45	**日本万国博覧会**	88,514	23,063	26.1	220	
46		109,732	20,547	18.7	230	
47	日本列島改造論	**156,949**	33,867	21.6	245	
48		**173,152**	**57,140**	33.0	328	オイルショック
49		102,849	17,821	17.3	420	
50		76,128	15,012	19.7	410	
51		79,300	21,561	27.2	410	
52		83,011	20,648	24.9	410	
53		88,861	20,112	22.6	410	
54		116,927	17,655	15.1	470	オイルショック
55		130,761	26,153	20.0	520	
56		119,091	22,660	19.0	577	

57		109,061	22,355	20.5	790	
58		103,953	13,761	13.2	900	
59		102,233	16,325	16.0	1,100	
60	阪神日本一	104,566	16,170	15.5	1,500	
61		131,073	21,786	16.6	2,500	バブル景気（昭和61年12月～平成3年2月）
62		192,785	36,665	19.0	2,300	
63	宅建業法大改正	235,803	39,537	16.8	3,400	
平成元年	**消費税導入（3%）**	281,701	41,978	14.9	3,500	
2	東西ドイツ統一	342,111	44,149	12.9	3,770	
3	バブル崩壊	280,779	39,181	14.0	3,850	
4		223,700	35,733	16.0	3,640	平成不況（平成3年3月～5年10月 9年6月～11年1月 12年12月～14年1月）
5		195,577	28,138	14.4	3,450	
6	関西国際空港開港	201,542	30,500	15.1	2,330	
7	阪神大震災	202,589	28,124	13.9	1,750	
8		197,168	29,065	14.7	1,350	
9	**消費税5%に**	190,131	26,835	14.1(13.9)	1,280	
10		179,713	24,930	13.9(13.6)	1,330	
11		178,384	28,277	15.9(15.0)	1,310	
12		168,094	25,928	15.4(15.1)	1,310	
13	アメリカ同時多発テロ	165,104	25,203	15.3(15.0)	1,330	
14		169,657	29,423	17.3(17.2)	1,480	いざなみ景気（平成14年2月～20年2月）
15		169,625	25,942	15.3(15.0)	1,570	
16		173,457	27,639	15.9(15.8)	1,700	
17	愛・地球博	181,880	31,520	17.3(15.9)	1,870	
18		193,573	33,191	17.1(15.8)	2,300	
19	サブプライムローン問題	209,684	36,203	17.3(15.2)	3,060	
20	リーマンショック	209,415	33,946	16.2(14.8)	3,900	
21		195,515	34,918	17.9(15.9)	3,820	

22		186,542	28,311	15.2(14.2)	2,840	
23	東日本大震災	188,572	30,391	16.1(15.4)	2,760	
24	スカイツリー完成	191,169	32,000	16.7(15.4)	2,700	アベノミクス景気（平成24年11月～30年10月）
25	**東京五輪決定**	**186,304**	28,470	15.3(13.9)	2,700	
26	**消費税８％に**	**192,029**	33,670	17.5(15.6)	2,960	
27	宅地建物取引士に改名	**194,926**	30,028	15.4(14.1)	3,380	
28	英国，EU 脱退	**198,463**	30,589	15.4(14.1)	4,010	
29		**209,354**	32,644	15.6(14.3)	5,050	
30	**大阪万博決定**	**213,993**	33,360	15.6(14.1)	5,550	
令和元年	**消費税10％に**	**220,797**	37,481	17.0(15.2)	5,720	
2　10月	**新型コロナウイルス禍**	168,989	29,728	17.6(16.9)	5,770	
2　12月		35,258	4,609	13.1(13.1)		

（注）（　　）内は，一般受験者のみの合格率

ビ電話・ロボット・人間洗濯機・太陽の塔が話題となった。宅建試験は８万人台の受験者数となった。同年には、**地価公示**がスタートし、最高価格は銀座５丁目の２２０万円であった。日本一地価の高い地区は銀座とされ、地価が上昇または下降するときは、銀座から始まり全国に波及すると言われる。図表２−１の平成21年以降を見てほしい。リーマンショックの翌年からさっそく地価が下がっている。しかしながら、東京五輪決定の翌年から再び上昇に転じている。世の中の出来事と地価をリンクさせて考えることは実に興味深い。

3. 地価の分析

地価とは、**土地の所有権の対価**である。民法第２０６条によると、「所有者は、法令の制

限内において、自由にその所有物の使用、収益及び処分をする権利を有する」とある。つまり、法律の許す範囲で、自分で使っても（**使用**）、誰かに賃貸しても（**収益**）、売却してもいい（**処分**）のである。

（単位：%，▲はマイナス）

24年	25年	26年	27年	28年	29年	30年	31年	令和2年
▲1.6	▲0.7	0.7	0.5	0.6	0.7	1.0	1.3	1.4
▲1.3	▲0.9	▲0.1	0.0	0.1	0.0	0.1	0.3	0.4
▲0.4	0.0	1.1	0.8	0.8	0.6	0.8	1.2	1.1
▲3.3	▲2.5	▲1.5	▲1.1	▲0.7	▲0.4	▲0.1	0.2	0.5
▲2.3	▲1.6	▲0.6	▲0.4	▲0.2	0.0	0.3	0.6	0.8
▲1.9	▲0.5	1.7	2.0	2.7	3.1	3.7	4.7	5.2
▲1.7	▲0.5	1.4	1.5	3.3	4.1	4.7	6.4	6.9
▲0.8	▲0.3	1.8	1.4	2.7	2.5	3.3	4.7	4.1
▲4.3	▲3.3	▲2.1	▲1.4	▲0.5	▲0.1	0.5	1.0	1.5
▲3.1	▲2.1	▲0.5	0.0	0.9	1.4	1.9	2.8	3.1

また、同法第207条によると、「土地の所有権は、法令の制限内において、その土地の上下に及ぶ」とあるので、地表だけではなく、土地の上空を貸す（たとえば、首都高速等の高架道路）、土地の地下を貸す（たとえば、地下鉄）ことも可能である。

図表2-1によると、昭和50年代後半から急激な地価上昇が起こっている。また、1990年には、日本の国土をすべて売却するとアメリカの国土が3つも購入できるという異常な状況になってきたのである。土地や株式等の資産価値がその評価基礎となる**経済成長率**（rate of economic growth）から想定されるレベルより大幅に上回ったのである。こういう状態のことを**バブル経済**（economic bubble）という。

21世紀になり、国際的な土地売買すなわち外国の土地を

図表2-2　地価公示価格対前年変動率（注2）

		7年	8年	9年	10年	11年	12年	20年	21年	22年	23年
住宅地	東京圏	▲2.9	▲5.0	▲3.4	▲3.0	▲6.4	▲6.8	5.5	▲4.4	▲4.9	▲1.7
	大阪圏	▲1.9	▲4.3	▲2.2	▲1.5	▲5.2	▲6.1	2.7	▲2.0	▲4.8	▲2.4
	名古屋圏	▲4.0	▲3.6	▲1.7	▲0.8	▲3.3	▲1.8	2.8	▲2.8	▲2.5	▲0.6
	地方平均	▲0.3	▲0.6	▲0.4	▲0.6	▲1.9	▲2.3	▲1.8	▲2.8	▲3.8	▲3.6
	全国平均	▲1.6	▲2.6	▲1.6	▲1.4	▲3.8	▲4.1	1.3	▲3.2	▲4.2	▲2.7
商業地	東京圏	▲15.4	▲17.2	▲13.2	▲8.2	▲10.1	▲9.6	12.2	▲6.1	▲7.3	▲2.5
	大阪圏	▲15.3	▲15.8	▲9.9	▲6.8	▲9.6	▲11.3	7.2	▲3.3	▲7.4	▲3.6
	名古屋圏	▲12.7	▲12.6	▲8.5	▲6.2	▲11.2	▲7.3	8.4	▲5.9	▲6.1	▲1.2
	地方平均	▲5.5	▲5.8	▲5.4	▲5.1	▲6.8	▲7.0	▲1.4	▲4.2	▲5.3	▲4.8
	全国平均	▲10.0	▲9.8	▲7.8	▲6.1	▲8.1	▲8.0	3.8	▲4.7	▲6.1	▲3.8

買う事例が増加し、それと平行して国際的に活躍する不動産鑑定士が増加してきている。わが国の地価は1990年をピークに暴落し、その後14年にわたって下落を続けてきたが、**愛・地球博**の頃に上昇に転じた。ところで、当時アメリカで第4位だった銀行、**リーマン・ブラザーズ**は、低所得者向けの住宅ローン**「サブプライムローン」**を主力商品とし売上を伸ばした。ところが、借金返済不能の者が続出し、銀行側は不良債権をかかえてしまった。さらに悪いことにサブプライムローンは証券化され、世界中の投資家が保有していたため、アメリカの住宅バブル崩壊は、世界経済に大打撃を与えた（**リーマン・ショック**）。

図表2-2を考察すると、商業地はリーマン・ショックの翌年の平成21年より再び下落を始めたが、平成28年地価公示で**8年ぶりに上昇に転じ**、平成30年地価公示では地方平均で、実に**26年ぶりに上昇に転じた**。

図表2-3は、昭和45年、平成28年および令和2年の地価公示における、東京23区および大都市区別の商業地の平

図表2－3　区別商業地平均価格全国ランキング(注3)

	昭和45年		平成28年		令和2年	
	市区名	平均価格	市区名	平均価格	市区名	平均価格
1	東　京（中　央）	92.0	東　京（中　央）	729.4	東　京（中　央）	994.2
2	大　阪（　南　）	79.7	東　京（千代田）	565.1	東　京（渋　谷）	729.8
3	大　阪（　北　）	76.8	東　京（渋　谷）	461.0	東　京（千代田）	672.4
4	東　京（豊　島）	70.3	東　京（新　宿）	388.5	東　京（　港　）	516.3
5	東　京（新　宿）	68.3	東　京（　港　）	368.2	東　京（新　宿）	509.5
6	横　浜（　西　）	66.0	大　阪（　北　）	201.1	大　阪（中　央）	384.7
7	大　阪（　東　）	56.5	大　阪（中　央）	190.8	大　阪（　北　）	372.6
8	東　京（台　東）	56.0	東　京（豊　島）	161.9	名古屋（中　村）	269.8
9	東　京（　港　）	53.8	名古屋（中　村）	147.5	東　京（豊　島）	223.9
10	東　京（渋　谷）	53.3	東　京（目　黒）	139.7	横　浜（　西　）	198.7
11	大　阪（阿倍野）	51.3	横　浜（　西　）	132.7	東　京（目　黒）	182.6
12	東　京（千代田）	50.6	東　京（品　川）	131.1	名古屋（　中　）	179.7
13	東　京（　北　）	49.2	東　京（文　京）	115.2	東　京（品　川）	170.8
14	東　京（大　田）	45.5	東　京（台　東）	112.1	福　岡（中　央）	165.4
15	東　京（目　黒）	43.5	名古屋（　中　）	104.1	東　京（台　東）	165.3
16	名古屋（中　村）	40.6	福　岡（中　央）	98.7	東　京（文　京）	153.1
17	東　京（葛　飾）	40.5	大　阪（阿倍野）	94.6	京　都（下　京）	151.3
18	京　都（下　京）	40.3	東　京（中　野）	90.8	京　都（中　京）	135.1
19	大　阪（東淀川）	37.2	京　都（中　京）	79.3	神　戸（中　央）	133.4
20	東　京（品　川）	37.1	京　都（下　京）	79.0	大　阪（阿倍野）	127.3
次点	名古屋（　中　）	36.6	東　京（　北　）	75.2	東　京（中　野）	121.5

（注）1989年に大阪市の南区と東区が合併して中央区となった。

大阪路線価 初の減額補正

ミナミ3地域 地価下落で

コロナ 訪日客激減

路線価が減額された大阪・ミナミの道頓堀界隈＝26日午後、大阪市中央区（彦野公太朗撮影）

新型コロナウイルス感染拡大の影響で地価が大幅に下落したとして、国税庁は26日、大阪・ミナミの3地域で路線価を4％減額補正したと発表した。昨年7〜9月に当該地域の土地を取得した場合、相続税や贈与税の算定に適用される。激甚災害以外の要因で路線価を補正するのは初めて。バブル崩壊やリーマン・ショック時でもなかった異例の対応となる。

大阪国税局によると、補正の対象は、大阪市中央区の心斎橋筋2丁目、宗右衛門町、道頓堀1丁目の3地域。昨年7〜9月の地価が同1月1日との比較でいずれも23％下落し、地価の8割程度となる路線価を下回った。この期間に3地域の土地を相続した場合、昨年7月に発表された令和2年分の路線価に補正率0・96を掛け合わせた改正後路線価をもとに、納税額を算出する。

大阪・ミナミの地価の下落率が20％を超えたのに対し、神戸、京都、奈良など関西のほかの繁華街や観光地の下落率は、8〜10％程度にとどまる。大阪学院大の相川眞一准教授（不動産学）は今回の補正を、「コロナ禍で苦しむ納税者に配慮した国税庁の大きな決断だ」と評価。「ミナミではインバウンド（訪日外国人客）への経済の依存度が極めて高いことが改めて分かった」と指摘する。

大阪国税局によると、大阪では3地域のほかでも15％超の地価の下落が確認された。国税関係者は「コロナの影響が続けば、下落地域がさらに広がる可能性もある」と話している。

減額補正された大阪・ミナミの3地域

路線価 毎年1月1日時点の主要道路に面した土地1平方㍍当たりの評価額。国税庁が毎年7月に発表し、相続税や贈与税の算定基準となる。国土交通省が毎年3月に発表する公示地価をベースに、売買実例や不動産鑑定士の意見を踏まえて決める。公表後に景気変動などで地価が急落し、納税者に著しい不利益が生じることを防ぐため、公示地価の8割程度の水準としている。

（産経新聞・2021年1月27日朝刊一面に掲載・無断転載複写不可）

均価格である。

万博を目前に控えた**大阪の盛り上がりおよび地価の高さに驚愕**する。**万博終了後、大阪の衰退**が始まった。

とにかく、**大阪は地価上昇も下落も極端**である。平成20年代にはインバウンド（訪日外国人観光客）の爆買いによって地価が急上昇し、新型コロナウイルス禍でインバウンドが消滅すると地価が大きく下落した。私は、その件に関して**新聞社やテレビ局の方々から取材を受けた**のであるが、逆にいうとそれだけ**不動産学が実生活に密接に結びついている**ということである。読者の皆様には、**新聞を**

読むことを強くおすすめする（時間がなければ一面だけでも！）。前頁の記事は、私が取材を受けた際の記事である。

4．明治神宮と国立競技場

1964年の東京五輪のメーン会場となった**国立霞ヶ丘陸上競技場**（以下、国立競技場という）が2014年6月いっぱいで56年の歴史に幕を下ろし、解体工事がなされた。

図表２－４　神宮外苑と国立競技場の歴史

1920年	明治神宮創建
24年	明治神宮外苑競技場（国立競技場の前身）完工
26年	明治神宮球場完工 初の風致地区に指定
58年	国立競技場完成
64年	**東京五輪開催**
2013年	東京都都市計画審議会で神宮外苑地区計画を決定（５月） 東京五輪開催決定（９月） 明治神宮球場耐震補強工事（11月～16年３月）
14年	国立競技場解体工事開始（７月）
15年	新国立競技場建設工事開始（10月）
19年	新国立競技場完工（３月） ラグビーワールドカップ開催（９～10月）
20年	**東京五輪開催**（７～８月）**は延期**

明治神宮は、明治天皇と昭憲皇太后を東京でお祭りしたいという願いから、国民の寄進や労働奉仕によって創建されたもので、行政は神宮外苑の環境を守るため、１９２６年に**高さ15ｍ以上の建物は建築できない**旨を定めた**風致地区**に指定し、57年には外苑全体を**都市計画施設**としての公園に決定した。90年に完成した**東京体育館**も風致地区の規制に基づいて建設された。

東京都は、２０１３年の都市計画審議会で、容積率緩和や用途地域変更等を盛り込んだ神宮外苑地区約64ヘクタールに関し、**地区計画**を決定した。地区計画とは、都市全体ではなく**比較的狭いエリアにおけるまちづくり**である。国立競技場単体ではなく、神宮外苑全体の景観・環境をバランスよく保つための計画である。

１９６４年の東京五輪に間に合わせるために、日本橋川の上に架けた高速道路・暗渠《あんきょ》とした渋谷川といった負の遺産が存在する。

5．近代以降の東京の歴史をふりかえる

１８７２年に、**新橋―横浜間で鉄道が開通**した。１８９６年、すでに開業していた新橋と上野駅を結ぶ中央停車場の建設が決定され、ドイツ人技師バルツァーによってプランニング、そして設計は**辰野金吾**に引き継がれたのである。当初は小規模計画であったが、初代鉄道院

総裁**後藤新平**（１８５７～１９２９）の意向で拡大され、日露戦争の勝利もあり、予算は当初の7倍となった。

１９０８年に着工し、１９１４年12月14日に、延面積２３，９００㎡、正面長３３５ｍ、左右に巨大な２つのドームを持つ駅舎が完成した。８９０万個のレンガを使用した**ビクトリア調建築物**で、総工費は２８７万円であった。

１９２３年の**関東大震災**でも東京駅周辺は大きな被害はなかったが、当時、東京最大の住宅密集地であった神田は、地震後の火災で焼け野原となり、復興計画の一環で鉄道用地が確保され、１９２５年に、東京駅と上野駅がつながったのである。

１９４５年のアメリカ軍Ｂ29による空襲で、ドームと３階部分が焼失。駅長**天野辰太郎**は、焼失前の姿への再建を強く主張したが、厳しい財政事情がそれを許さなかったのである。そして、２階建・八角屋根で再建された。

２００３年、丸の内駅舎が国の**重要文化財に指定**された。未来へ継承すべき歴史的建造物として、残存部分を可能な限り保存するとともに、創建時の姿へ復原、すなわち、３階部分および南北ドーム等を蘇らせる工事が２００７年にスタート（同時に、駅周辺の再開発にも着手）し、２０１２年10月１日に完成した。

さて、初代駅舎の総工費２８７万円は、21世紀初頭の物価水準では**５００億円**である。偶然であるが、今回の復原工事でもＪＲ東日本は同じ**５００億円**を費やした。この巨額な費用

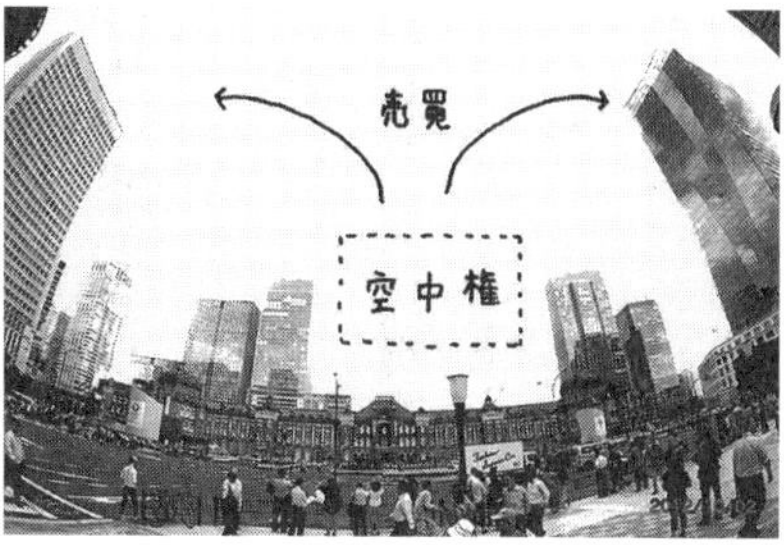

を**「タダ同然でゲットする魔法」**を使った。**石原慎太郎都知事**（当時）とJR東日本社長が話し合い、東京都は2002年に東京駅周辺で一体的な開発を促進するため、大手町・丸の内・有楽町地区での**空中権売買・開発権移転（容積率の売買）**を認めた（これは2000年にできた**特例容積率適用地区制度**の活用である）。その収入を工事に当てたのである。**空中権**とは、他人が所有する土地の上空のスペースを利用する権利であり、**開発権移転**とは、その土地に許されている容積率から実際に利用している容積率との差を、他の敷地に売買できる制度である（ただ、2つを合わせて、**広義の意味で「空中権」**ということも多い）。右記の写真でいうと、東京駅の敷地は本来70～80m級の建物が建築できるのであるが、あえて建築せず容積率を周辺の敷地に売り、その分、周辺の敷地は超高層ビルが建築できるということである。これにより、**歴史的建造物や自然環境の保全等の財源**ができるのである。さらに、東京駅の超高層化を避けることにより、海から皇居への風通しをよくし、真夏の東京都心部の気温の引き下げ効果もあるという。

東京駅は、2014年に、**開業100周年**を迎えたのである。

東京や大阪の街を歩いていると、外国人旅行客から道を聞かれる回数が増えてきた。しかし、私は英会話ができない。そのため、私は、真剣に英会話を習おうと考えていた。先日も外国人女性に声をかけられ、どうしようと思ったのであるが、その女性はスマホの画面を私に見せた。「最寄りの地下鉄の駅はどこですか?」と表示されていた。聞けば、**「グーグル自動翻訳アプリ」**だとのこと。私は決して英会話の重要性を否定するのではないが、ネイティブレベルまで上達するには10、000時間以上の学習時間がかかるという。経済学では、**「その選択をせずに別の選択をしたら得られたであろう価値」**のことを**機会費用**（opportunity cost）という。10、000時間と引き換えにいろんなことを犠牲にしなければならないのなら、ややスピードに欠けるが自動翻訳アプリを活用することも1つの方法と考える（大阪・関西万博の頃には、スピードがかなり増すそうである）。

6. 都市の魅力向上

図表2-5は、2019年4月27日に米コンサルタント会社**マーサー**が発表した**「2019年世界生活環境調査（QUALITY OF LIVING SURVEY）―都市ランキング」**で、政治・経済・治安・医療・教育・交通・自然災害等のチェック項目によりランクづけがなされたものである（（　）内は2018年ランキング）。日本の都市でベスト50に入れたのは、たった2つだけ。それは、**国際的な都市間競争に苦戦していること**を意味する。今、**道州制が導入されているのは北海道**だけであるが、導入後に、札幌への人口流入が集中し、他の都市では

図表2－5

1．ウイーン	(1)
2．チューリッヒ	(2)
3．オークランド	(3)
3．ミュンヘン	(4)
3．バンクーバー	(5)
25．シンガポール	(25)
49．東　京	(50)
49．神　戸	(50)
55．横　浜	(55)
71．香　港	(71)

人口減となった。その状況の中で、**函館**と**小樽**は都市としての人気が低下していない。理由は、**夜景とスイーツ**ではなかろうか。最近、これら2都市に続き、**室蘭**の存在感が増してきた。**工場夜景**が人気を集めているのである。あらゆる手段を講じて、その地域に応じた**都市力を高めていくべき**である。

7．宅建士こそが最高の国家資格

２０１４年5月30日の衆議院国土交通委員会において、**梶山弘志**委員長（自民党）が「**宅地建物取引業法の改正案**」を起案し、速やかに採択、全会一致で可決された。さらに、参議院でも、可決・成立した。**宅地建物取引主任者の独占業務である重要事項の説明事項が年々増大**しており、また、中古住宅の取引が増加し、**国策としても中古住宅の取引を増やすべき**だと政府は考えている。

今回の改正は、次の三本柱で表現できる。（注4）

（1）宅地建物取引士が正確にかつ、法に則って業務を履行するため知識・能力の向上を担保する。

（2）宅地建物取引業者が従業員に対して適切な教育を行うように努める。

（3）宅地建物取引士の登録要件の欠格事由に暴力団員等であることを追加する。

1958年に**「宅地建物取引員」**としてスタートし、1965年に**「宅地建物取引主任者」**に昇格し、そして2015年に「宅地建物取引士」と、ついに**「士族」**の仲間入りをした。

図表2－6 （注5）

年度	売上高	経常利益
平成18年	33兆8,586億円	3兆4,648億円
19年	37兆946億円	3兆4,265億円
20年	38兆6,671億円	2兆9,236億円
21年	40兆9,764億円	3兆926億円
22年	36兆6,315億円	3兆3,244億円
23年	35兆7,124億円	3兆3,080億円
24年	32兆6,817億円	3兆1,019億円
25年	37兆7,048億円	4兆1,164億円
26年	36兆9,812億円	4兆6,484億円
27年	39兆3,835億円	4兆3,014億円
28年	42兆9,824億円	5兆3,318億円
29年	43兆4,335億円	6兆700億円
30年	46兆5,363億円	5兆1,607億円

図表2－7　総合人気企業ランキング （注6）

順位	前年	企業名
1	（15）	損保ジャパン日本興亜
2	（2）	三菱商事
3	（8）	三井不動産
4	（19）	三菱地所
5	（1）	三菱東京UFJ銀行

私も、1987年に宅建試験に合格し、大阪府宅地建物取引主任者センター（現：宅地建物取引士センター）で登録をしたことを昨日のことのように思い出す。

では、宅地建物取引士の一番大きな活躍の場である不動産業はどうであろうか。

不動産業の売上高は図表2-6のとおりである。

平成30年度において売上高は、全産業の約3・0％、そして、経常利益は実に、全産業の約6・1％に達している。

8. 大学教育の中の不動産学

私は、2009年まで、大阪府枚方市にある**大阪国際大学**で、「宅地建物関係法規Ⅰ・Ⅱ」を担当し、2011年より吹田市にある**大阪学院大学**で、不動産学関連の授業を担当している。そして、正規講座で理論的・学問的な勉強をし、課外講座で資格対策をする。

★私の大学教育におけるマニフェスト

①勉強ぎらいの子を少しでも勉強好きにします。
②就職に役立つ国家資格等を取得させます。
③一般社会で役立つ人材を育てます。

④地方創生に貢献できる大学を目指します。

既存の大学とは別に、即戦力となる人材育成を目指す高等教育機関**「専門職大学」**について、文科省は2019年4月の開学を開始し、観光や農業に直結する分野の学部が中心のようだ。この発想はよいと思われるが、大学が「就職予備校」と化するのは望ましくない。私個人的には、教養課程（1、2年）で勉強の楽しさを教え、専門課程では長期的展望の下に、単なる金もうけではない、実務に役立ち社会貢献ができる人材を育

★大阪学院大学の不動産関連科目の例

	講座名	使用テキスト	単位認定
一般教養科目	（1）不動産学入門A	『ゼロからの不動産学講義』（創成社）	2単位
	（2）不動産学入門B	『令和時代の不動産学講義』（創成社）	2単位
	（3）不動産鑑定理論入門	『令和時代の不動産学講義』（創成社）	2単位
専門教育科目	（4）不動産取引法	『さくさくわかる！　やさしい宅建士のテキスト』（TAC出版）	2単位
	（5）都市経済論A	『ゼロからの都市経済学講義』（創成社）	2単位
	（6）都市経済論B	『ゼロからの都市経済学講義』（創成社）	2単位
	（7）経済学特別講義E（不動産学）	授業中指示する。	2単位
	（8）専門ゼミナールⅠ（相川ゼミ）	各種専門書籍	2単位
	（9）専門ゼミナールⅡ（相川ゼミ）	各種専門書籍	2単位
	（10）専門ゼミナールⅢ（相川ゼミ）	各種専門書籍	2単位
	（11）専門ゼミナールⅣ（相川ゼミ）	各種専門書籍	2単位
課外講座	（1）宅地建物取引士講座	『さくさくわかる！　やさしい宅建士のテキスト』他（TAC出版）	ナシ
	（2）賃貸不動産経営管理士講座	『みんなが欲しかった！　賃貸不動産経営管理士の教科書』（TAC出版）	ナシ
	（3）高大連携不動産学入門講座	『子供たちに贈る不動産学』（大阪學院大學通信）	ナシ

図表2－8　中古住宅取引（注7）

国	取引数	中古割合
日本（2008年）	17.1万戸	13.5%
アメリカ（2009年）	515.6万戸	90.3%
フランス（2010年）	78.2万戸	69.3%
イギリス（2010年）	74.9万戸	84.2%

（左より）牧原直人さん（宅建士・管理業務主任者・マンション管理員検定・最上位「マネージャー合格」），峯川隼人さん（宅建士・管理業務主任者合格），安田卓也さん（宅建士・管理業務主任者・マンション管理員検定合格）

成するための「真の意味の実学」を教えていきたいと考えている。

9．今後の住宅取引と宅建士

わが国の住宅取引は図表2-8のように、圧倒的に新築住宅である。新築住宅を販売しても、30年も経過すると一戸建て住宅の場合、価値はほぼゼロとなり、取り壊してまた新築住宅を建築する、そのくり返しである。しかしながら、欧米は異なる。中古住宅をリフォームし、再販する。わが国も、ようやく**国策として「中古住宅取引」**を充実させる方向に考えを変えつつある。

２０１５年度の宅地建物取引業法の改正で、「宅地建物取引士は、宅地建物取引業の業務に従事するときは、宅地建物の取引の専門家として、購入者等の利益の保護及び円滑な宅地建物の流通に資するよう、公正かつ誠実にこの法律に定める事務を行うとともに、**宅地建物取引業に関連する業務**に従事する者との連携に努めなければならない」という規定が付加された。右記の「宅建業関連業務」の第1候補は、中古住宅取引の充実という点で、「**リフォーム業**」であろう。さらに、住宅取得には、さらなる住宅ローンの充実という観点から「**金融業**」が第2候補に挙げられよう。

「**日本再興戦略2016**」においても、成長産業の1つとして、既存住宅流通・リフォーム市場の活性化が挙げられており、市場規模**11兆円**から2025年には**20兆円**を目標に期待されている。

わが国では、登録免許税・不動産取得税・所得税等の税が中古住宅のコストを上げており、それが中古住宅取引の発達を困難にしていると言われている。

日本企業が、ベトナムやタイといった経済成長著しい東南アジア諸国で、現地のディベロッパーと組みマンションを建設したり、日本とベトナム両政府が円借款による地下鉄建設をスタートしたりしている。もはや、不動産業は**内需産業のみと言えず**、「**海外へ技術を輸出する産業**」になりつつある。

10．人工知能（ＡＩ）と職業

私のマンション周辺には４つの鉄道路線の駅がある。先日、ある駅に月刊誌をもらいに行ったら、駅員さんに「私は担当ではないのでわかりません」と応対された。その人のすぐ後ろに置いてあるのに、「ありません！」という返答であった。その後、ある電話ショップに資料をもらいに行き、店先でうろうろしていると、ペッパー君が「何かお探しですか？」と話しかけてきたので、「ガラケーの新製品のパンフがほしい」と言ったら、即座に「こちらにございます」と案内してくれたのである。何が言いたいかというと、接客のうちルーティンなものやデータ分析あるいは代書等は、人間より人工知能のほうが向いているのではないか、ということである。電話ショップの帰りに、駅の前を再び通ると、さっきの駅員さんはデスクで居眠りしていた。かつて人類は、産業革命で**労働生産性**を飛躍的に向上させた。今、わが国は人口減少で労働力不足となり、将来的に移民を増やすという意見があるが、**「人口減少こそがチャンス」**である。**野村総合研究所は、**２０３５年までに、**日本人の49％は人工知能に仕事を奪われる**というレポート（注８）をまとめている。具体的に挙げると、受付係・駅務員・行政事務員・会計監査係員・運転士・測量士・通関士・マンション管理員等である。

宅地建物取引士の業務も少なからず影響を受けるが、「仕事を奪われる」と考えずに、「よきパートナーになってもらう」という発想でコストダウンが可能である。すなわち、データ入力および分析・伝票整理・記帳・請求書作成等のマニュアル化できるものはＡＩにまかせ、経営戦略・企画・新商品開発等のクリエイティブなものは人間がするという役割分担の発想が重要であり、これにより労働生産性向上による**「第2の産業革命」**が達成できるのである。ソフトバンクに問い合わせると、法人向けリースの場合、ペッパー君1台当たりの料金は月55,000円～で、人を雇うより約3分の1のコストと予想される。

11. 2025年に向かって

前回の東京五輪時（1964年）と2012年の日本を比較したのが図表2-9である。(注9) 人口も物価も大きく変化している。バナナ・テレビといった物価が下がった商品もある。首都圏においては、次頁のようなプロジェクトが進められ、一部は、すでに完成した。さて、その1つである「新駅（高輪ゲートウェイ）」について考えてみよう。

新駅ができると、駅周辺にマンションが建築され**人口が増加**する。駅周辺の店舗の**売上が増加**し、さらに再開発され高層ビルが建築される。かくして、**地価もさらに上昇**する。そして、店舗関係者は**メリットを享受**する。このように、**市場**（market）を通さずに第三者にメリットを与えることを**外部経済**（external economy）という。他方、もともとの住民に

図表２－９

	1964年	2012年
人口（10月１日）	9,718万人	１億2,752万人
合計特殊出生率	2.03	1.41
65歳以上人口割合	6.2%	24.2%
平均寿命（０歳の平均余命）	男67.67歳，女72.87歳	男79.94歳，女86.41歳
労働力人口	4,710万人	6,555万人
完全失業率	1.1%	4.3%
消費者物価指数（1964年を1.00）	1.00	4.15
バナナ１kg	228円	201円
テレビ	55,500円（モノクロ・16型）	52,183円（カラー・32型）
カメラ	17,900円（フィルム）	18,068円（デジタル）
GDP（名目）	29.5兆円	475.6兆円
１ドル／円	360円	84円（12月平均）
大学・短大・高専進学率	19.9%	57.2%

図表２－10　主な東京プロジェクト

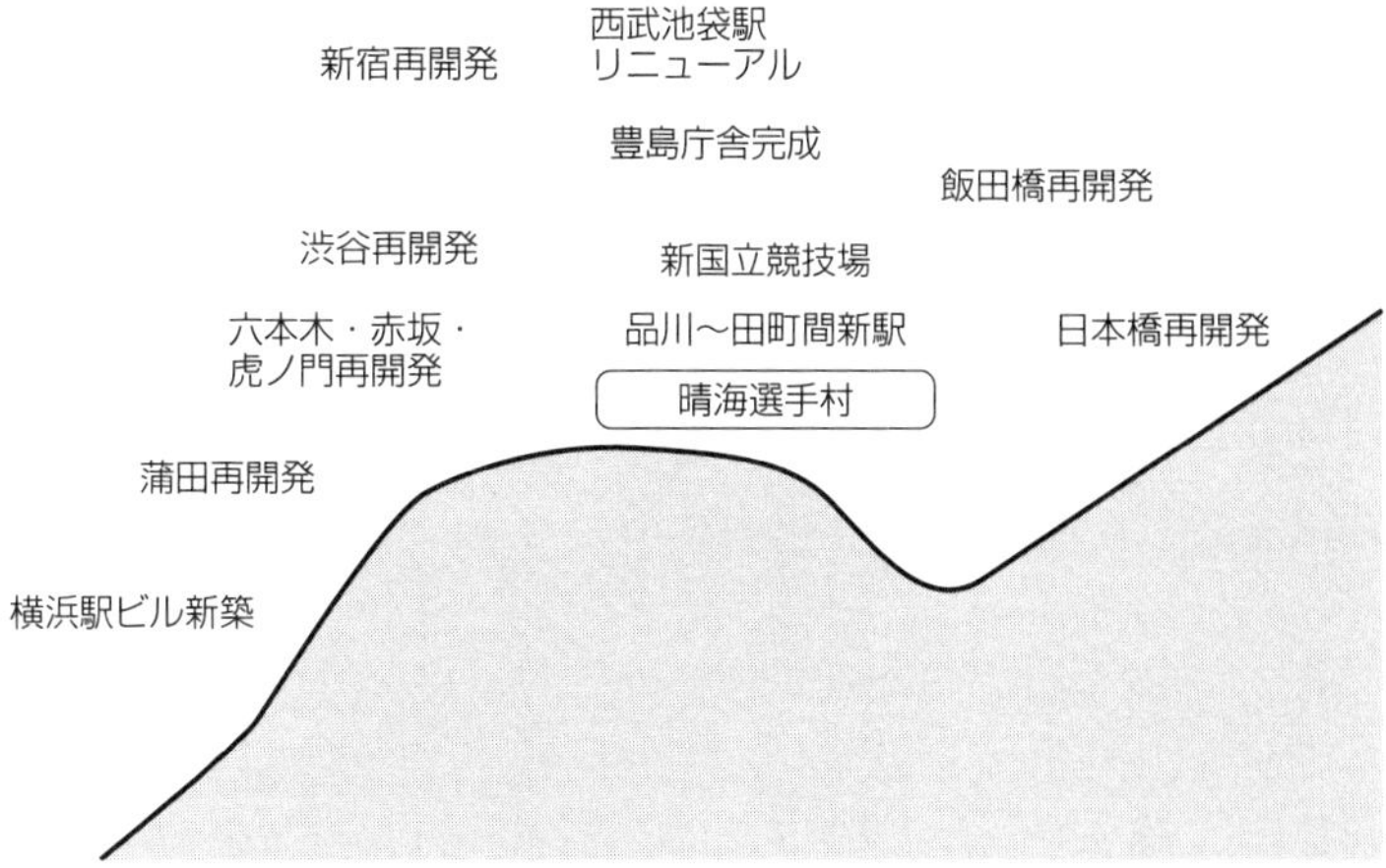

とっては、電車による振動・騒音等の**デメリット**を受ける。このように、市場を通さずに第三者にデメリットを与えることを**外部不経済**（external diseconomy）という。

12. 祝！ 大阪万博決定

東京五輪や大阪万博で全世界の人が集まったとしても、一過性の経済効果で終了させてはならない。外国の方々は、日本人以上に日本の文化・歴史を愛する人が多い。地方の宝を全世界の人々にアピールすることが、地域活性化に役立つと思われる。

たとえば、**世界遺産、姫路城**。平成の大改修後のグランドオープン前日の２０１５年3月26日に、私は姫路を訪れた。**ブルーインパルス**の飛行を見に世界中から来た方々と、感動を共有できたことは幸いであった。

姫路城

地方をアピールし、日本を堪能していただくため、各地方ごとに**「おもてなし」**のプランを計画すべきである。

２０１８年11月23日、博覧会国際事務局（ＢＩＥ）は、パリで開いた総会で大阪開催を決定した。テーマは、**「いのち輝く未来社会のデザイン」**、会場は、大阪湾の人工島・**夢洲**《ゆめしま》である。ロボットによる会場案内・ドローンによる来場者の荷物運搬等が予定され、経済効果は2兆円と見積もられている。

府と大阪市がカジノを含む**統合型リゾート（IR）**の誘致を目指していること等を踏まえ、「観光拠点・世界への情報発信スポット」となる。島に乗り入れる交通機関は、大阪メトロ（元市営地下鉄）の延伸を考えている。夢洲の広さは約390ヘクタールで、うち約155ヘクタールを使用予定という。その手前の舞洲には、Jリーグ「セレッソ大阪」や「オリックス・バファローズ」の二軍が移転した。

大阪万博は、正式名称は「2025年日本国際博覧会」、略称は関西全体の魅力を訴える狙いから「大阪・関西万博」とする、と経済産業省は発表した。また、「いのち輝く…」とあるので、健康に関する参加型のものが考えられている京都（京都大学が誇るiPS医療技術(注10)）、神戸（医療産業都市(注11)のノウハウ）、そして、吹田（世界水準の循環器センターを中心とする医療とマンションのドッキング・スマートタウン(注12)のまちびらき）が中心となる。

新型コロナウイルス終息後の都市のあり方を、**「未来社会のショーケース」**に見立てる万博に私も微力ながら何らかの形で参加したいものである。

図表２-11

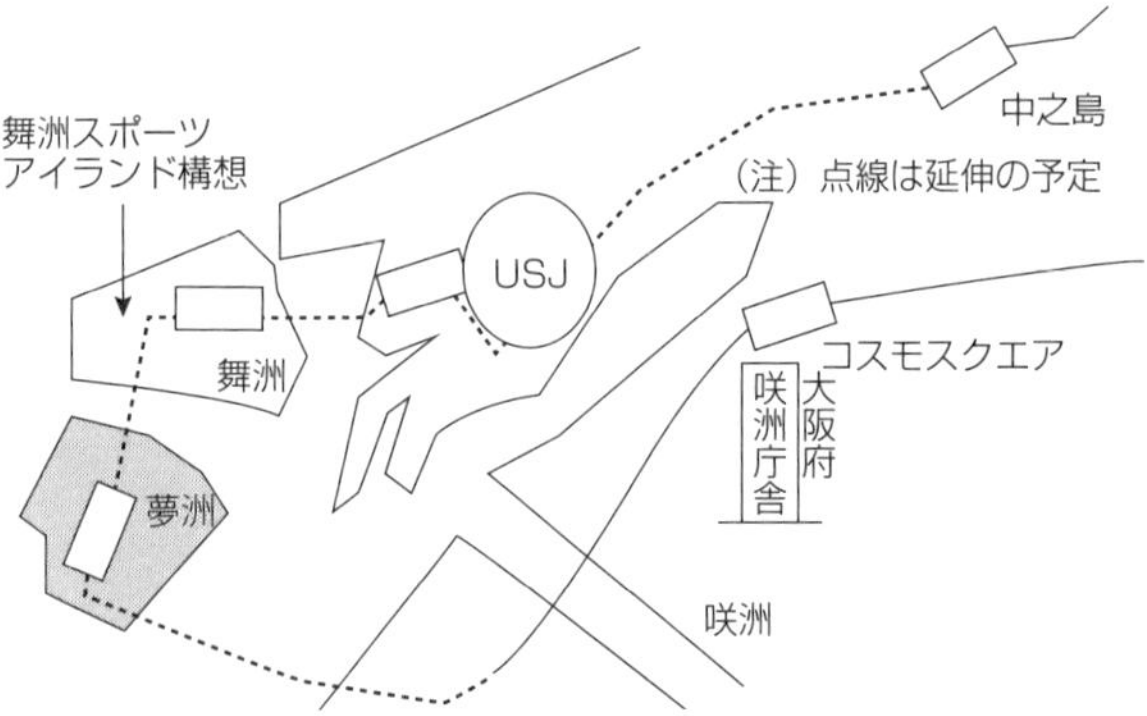
舞洲スポーツ
アイランド構想
中之島
（注）点線は延伸の予定
USJ
舞洲
コスモスクエア
大阪府
咲洲庁舎
夢洲
咲洲

図表２-12

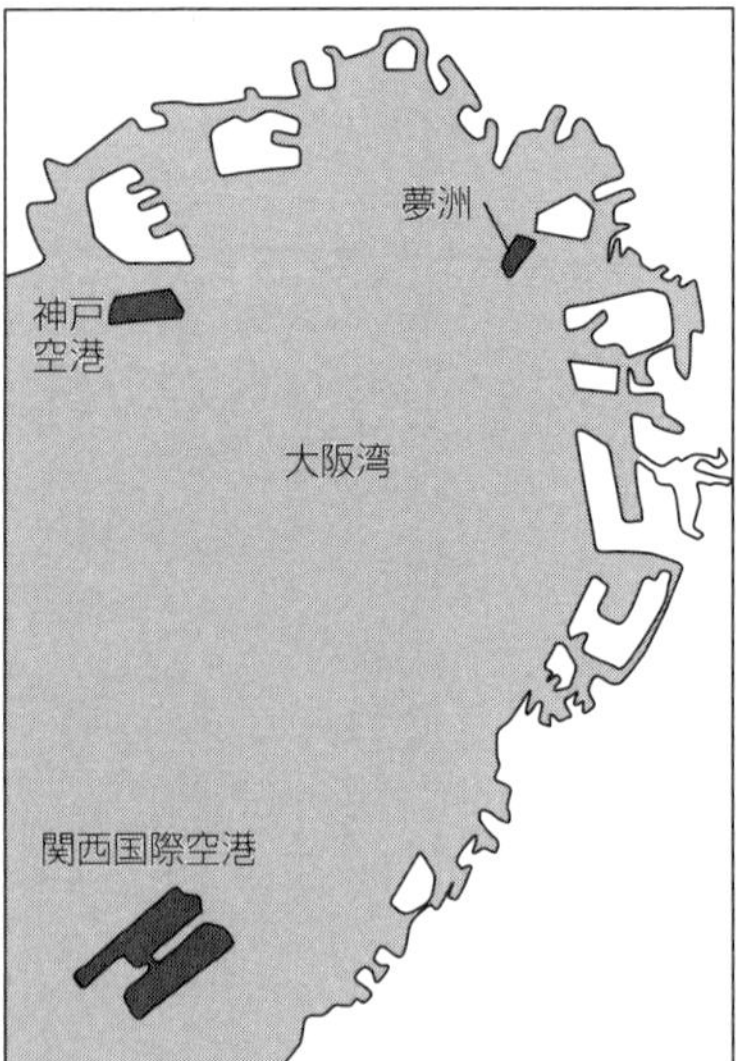
夢洲
神戸
空港
大阪湾
関西国際空港

図表2-13　過去の国際万博との比較

	大阪・関西万博（2025年）	愛知万博（2005年）	日本万博（1970年）
テーマ	いのち輝く未来社会のデザイン	自然の叡智	人類の進歩と調和
場　所	夢洲《ゆめしま》（大阪市）	長久手市・豊田市・瀬戸市	千里丘陵（吹田市）
期　間	4/13〜10/13	3/25〜9/25	3/15〜9/13
面　積	155ha	173ha	330ha
来場者数	2,820万人（予想）	2,205万人	6,422万人

図表2-14　吹田操車場跡地まちづくり計画（健都）

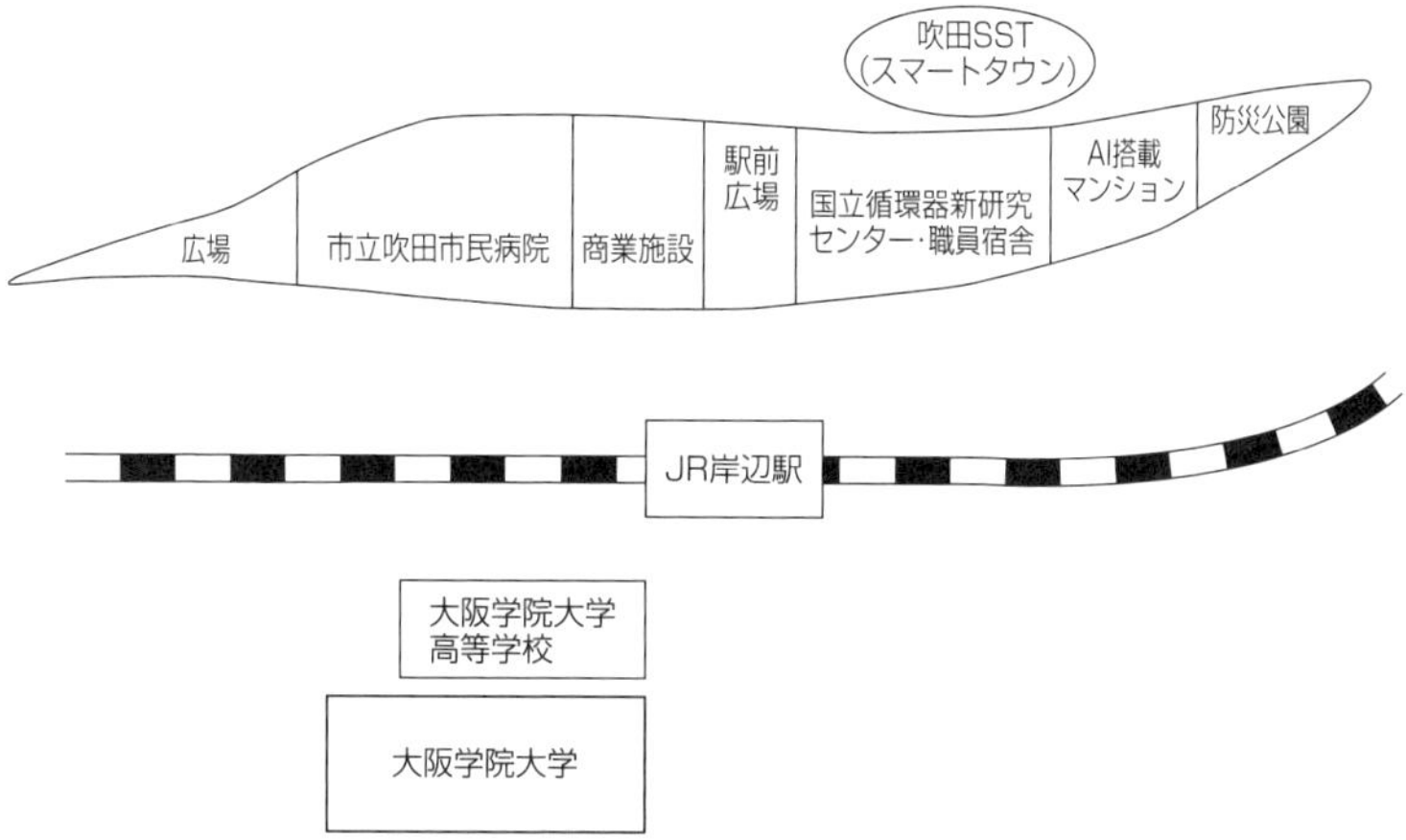

注

（注1）旧建設省・国土交通省の資料をもとに、相川が作成した。
（注2）国土交通省による。
（注3）国土交通省・土地総合情報ライブラリーより相川が作成した（単位：万円／㎡）。
（注4）衆議院ホームページによる。
（注5）『法人企業統計』（財務省）による。
（注6）ワークス・ジャパンの調査による。２０１６年卒業見込の大学生・大学院生約10万人へのアンケートによる人気企業ランキングでは図表２－７のような結果になり、不動産業の人気および責任の増大が痛感される。
（注7）国土交通省住宅局住宅政策課『２０１３年住宅経済データ集』による。
（注8）２０１５年12月２日に発表された。
（注9）東京オリンピック、パラリンピック競技大会組織委員会等の資料による。
（注10）山中伸弥教授が、京都大学ｉＰＳ細胞研究所所長をされている。
（注11）本庶佑京都大学特別教授が、（公財）神戸医療産業都市推進機構理事長をされている。
（注12）パナソニックが世界に先駆け推進するサスティナブル・スマートタウンの第三弾である。

第3章 人口減少社会と空家問題

1. 概　説

わが国の人口は、縄文早期は約2・01万人、弥生時代は約59・49万人、1600年（慶長）には約1、227万人とされる。(注1) また、1872年（明治5年）に約3、480・6万人だった人口は、その後の産業革命以降、急激に増加し、2005年に約12、776・8万人とほぼピークを迎えた。そして、その後、減少に転じている。(注2) 人口減少社会の中で空家問題という新たな社会問題が発生してきた。

2. 若者の考えから見る世相

私は、大学で「不動産学入門」という講座を担当している。わが国が都市や不動産に関して直面し、解決策を考えるのが喫緊の課題とされている①少子高齢化問題、②東京一極集中問題、③空家問題、④地方の人口減少問題、⑤欠陥住宅問題、⑥地震・津波対策問題、⑦土砂災害対策問題、⑧地球環境問題、⑨相続問題、⑩景観問題、⑪土壌汚染問題、⑫水資源問題を3カ月にわたって解説し、「あなたは以上のどの問題に関心がありますか？　3つを選択し、理由を付して記述して下さい」という課題を出した。

そして、多い順に並べたものが図表3-1である（有効回答数341名）。理由としては、少子高齢化により発生する年金問題、南海トラフ地震への心配、環境破壊が自らの子供に与える影響、家の周辺に空家が増加していることへの危惧、地方の人口が減ってバス便減少等の不便さを実感していること、耐震性や省エネ性に問題がある住宅の増加への対応策、海外へ行き、いかに日本の都市景観が貧弱であるか感じたこと等、若者らしい考えが多く見受けられた。ただ、地震や津波に比して土砂災害が軽視されていることが気がかりである。

また、私がここ数年間にTACの授業・社会人向けセミナー等で受けた、資格試験以外の質問で多かったのは図表3-2である。ここでも、空家問題が第5位に入っている。私が人口減少社会と空家問題について研究してみようと思ったのは、このような社会のニーズからである。

図表3－2

1	マンションの選び方	33名
2	転職について	22名
3	相続のトラブル	17名
4	ライフプランについて	11名
5	空家問題	8名

図表3－1

1	少子高齢化問題	236名
2	地震・津波対策問題	202名
3	地球環境問題	126名
4	空家問題	118名
5	地方の人口減少問題	100名
6	欠陥住宅問題	96名
7	景観問題	41名
8	相続問題	28名
9	土壌汚染問題	23名
10	東京一極集中問題	20名
11	土砂災害問題	19名
12	水資源問題	14名

3. 住宅の歴史

空家問題の前提として、わが国の住宅の歴史をふり返ってみたい。

(1) わが国の住宅は木と紙でできていた

わが国の住宅は長い間、木造の一戸建て住宅、あるいは江戸時代からの**長屋**が中心で、明治末期頃にいわゆる「**木造アパート**」が出現してきたと言われている。

「**鉄筋コンクリート造の共同住宅**」がわが国で最初に出現したのは、1916年、三菱鉱業が長崎県高島町の**端島**に建設した炭坑住宅が最初であると言われている。(注3)

1923年9月1日、東京・横浜を中心として、**関東大震災**が発生した。この際の義捐金で「財団法人同潤会」が設立され、「同潤会アパート」（注4）として、鉄筋コンクリート造のアパートが被災者のために建設されたのである。現在のマンションとは形態の差はあれ、この同潤会アパートこそが今、日本に普及しているマンションの原型であると私は考えている。

(2) 昭和30年〜40年代

終戦後の混乱がおさまってきた1950年、**住宅金融公庫**（注5）ができ、その後、**住宅**が増えてきたが、1962年、マンション（注6）を扱うわが国最初の法律として「建物の区分所有等に関する法律」が制定された。昭和40年代に入ると、大衆型のマンションが増加した。

(3) 昭和50年代

マンションは一般的な居住形態の地位を確保したが、問題が増加してきた。マンションというのは高さがあるので、近隣住民と日照権のトラブルや欠陥建築、あるいは区分所有者間の管理や使用をめぐるトラブル（騒音、水漏れ、駐車場など）などがある。このため1962年に制定された区分所有法は、「管理組合による管理の明確化」を打ち出し、マンションのトラブルは管理組合が解決していくというスタンスを作り、さらに、多数決原理による組合運営の円滑化を目的として、1983年に大幅に改正された。（注7）

(4) 住宅行政を根本からゆるがした阪神大震災

1995年1月17日に起きた阪神大震災は、わが国で初めてマンションに多大な損傷を与えた出来事として注目された。

それまでの大地震では、木造住宅はたくさん倒壊したが、鉄筋コンクリート造のマンションがバタバタ倒れたことはなく、被災したマンションの管理組合の中には、大修繕か建替えかを巡って、区分所有者間で大きく意見が分かれたところもあった。阪神大震災から15年以上経った2010年12月に、最後のマンションの建替えが完了した。

勤務先の倒壊等によって失業し、被災した住宅の復旧費用の捻出が困難となった方、転居先住宅の購入によってダブルローンを抱えた方も多かったのである。さらに、建替え後の建物が被災前の建物と同等の床面積を確保できない場合もあった。

というのは、阪神大震災で被災したマンションの建替えでは、容積率(注9)の制限がネックとなった。容積率制限がなかった1981年以前のマンションでも、建替えの際には現行の規制が適用されるからである。(注10)

図表3-3　芦屋市業平町の分譲マンションの例(注8)

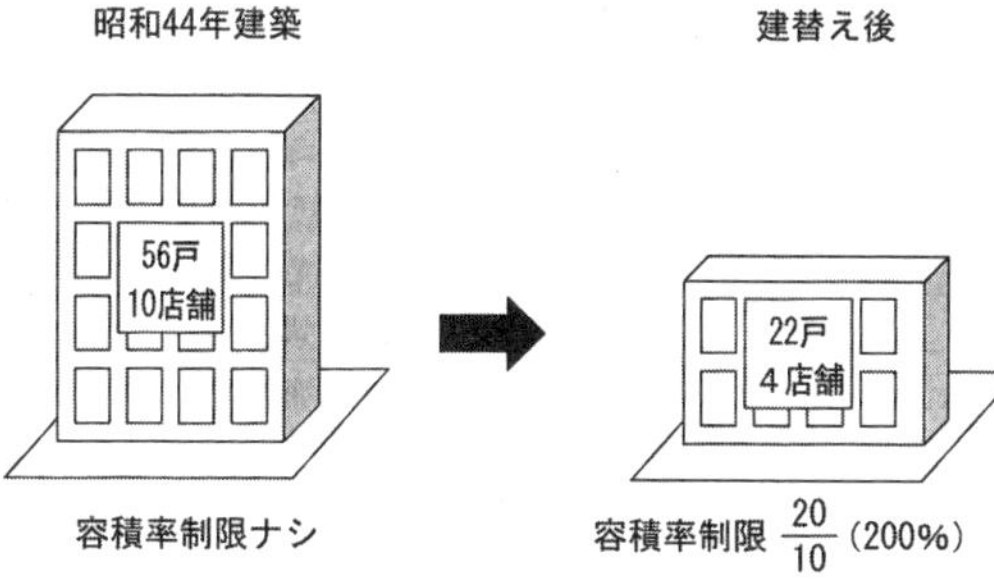

容積率に制限がなかった頃は、大規模マンションを建築できたが、建替えをしても以前のままの大きさの建物を建築できないという、住宅戸数の減少問題が浮上した。

(5) 平成時代（マンション管理士誕生）

地価の下落、金利低下などを要因に需要が喚起されたマンションブームが起こり、東京・大阪等の大都市の都心部に高層マンションが建設され、マンションのシェアがどんどん高くなってきた。

さらに建築年数を経ているマンションについては、賃貸化、事務所化の進行、空室率の上昇によって、きちんとした管理ができない状況が生じている。このようなマンションの管理をめぐる諸問題の顕在化を踏まえて、**「マンション管理士制度」**、および**「マンション管理業者登録制度の創設」**を内容とするマンション管理適正化法が2000年12月に成立し、2001年8月から施行された。

また、マンション管理業者の中に、一定数(注11)の**管理業務主任者**の設置義務を課したことにより、管理業者のレベルアップが達成された。さらに、**賃貸不動産経営管理士**等の新資格ができた。

(6) 空家問題深刻化

そして、昨今、一戸建住宅はもちろんのこと、マンションにおいても空家問題が多発している。そろそろ、何らかの専門家の創設が必要な時期が到来しているのではなかろうか。

次に、わが国の人口状況より空家問題を考察していきたい。

4. 人口減少問題

2013年5月8日、**増田寛也**元総務相が座長を務める民間研究機関「**日本創成会議**」が衝撃的な試算を発表した。それは、2040年までに全国の計869自治体で**20歳から39歳の「若年女性」が半減し、自治体が消滅する可能性がある**というものである。869とは、日本にある自治体の約半分である。2012年に出産した女性の95%が20歳から39歳であり、その年代の女性がいなくなれば、子供が生まれず、次の世代がいなくなるという論理である。

今、日本で起きている、地方から東京へという**東京一極集中**の加速。東京には仕事はあるが、出生率が全国最下位であることから、子供を産み育てる環境が整っていないのではないか、そして東京に住む人が増えれば、今よりもさらに出生率が下がり、日本の人口は減ると考えられるため、東京一極集中を阻止すべきだという意見が多い。

先日、神戸市のある幹部の方と話をしたが、このまま人口減少が続けば、道路や橋等のイ

図表３－４　日本の人口推移(注12)

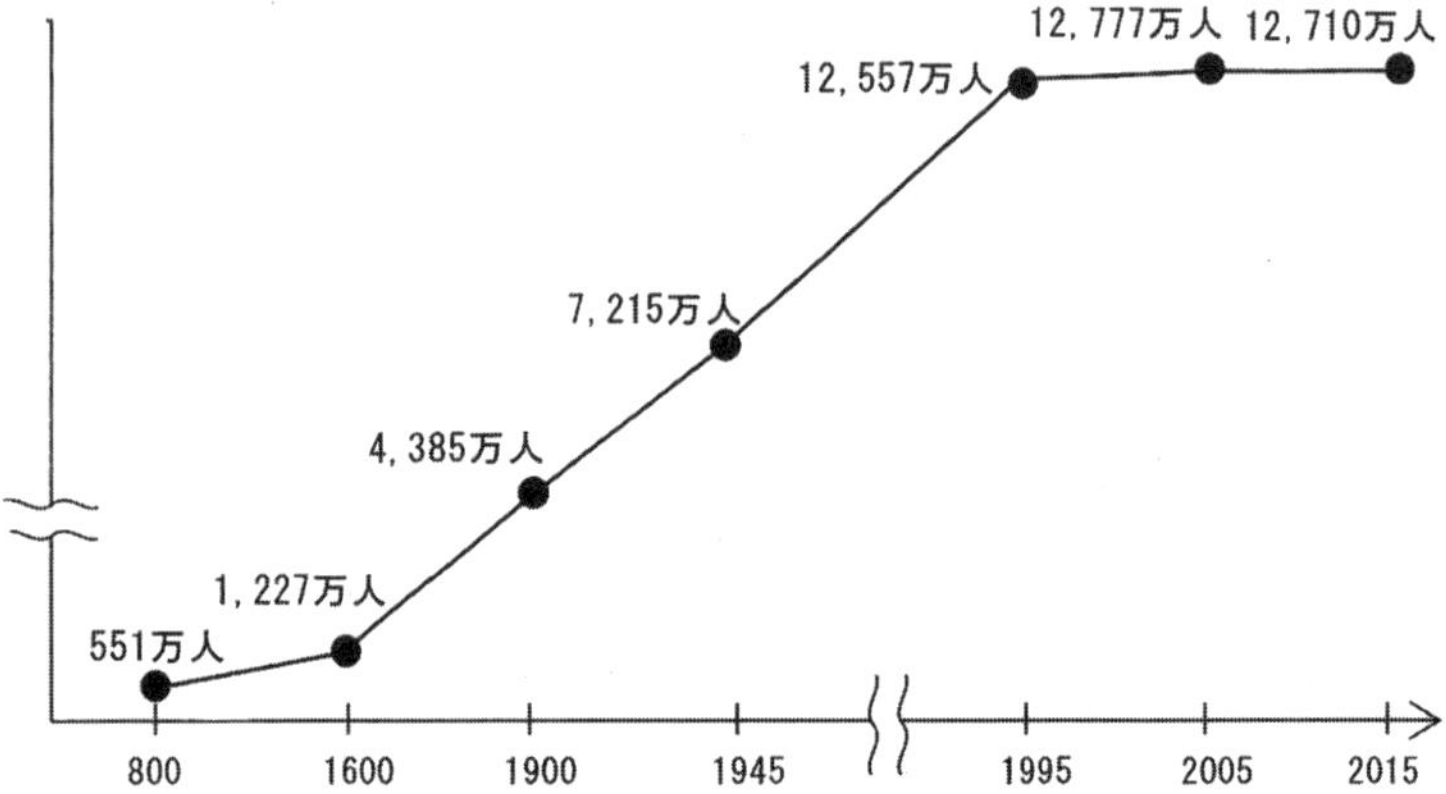

図表３－５　兵庫県の人口推移(注13)

		1990	1995	2005	2010	2015	2020
兵庫県		5,405,040	5,401,877	5,590,601	5,588,133	5,536,989	5,438,891
神戸市	中央区	116,279	103,711	116,591	126,393	135,215	143,359
	東灘区	190,354	157,599	206,037	210,408	213,727	213,672
	灘区	129,578	97,473	128,050	133,451	136,130	136,426
上記以外の兵庫県		4,968,229	5,043,094	5,139,923	5,117,791	5,051,914	4,945,434
神戸市のみの人口		1,477,410	1,423,792	1,525,393	1,544,200	1,537,860	1,516,638

（注）兵庫県は唯一，日本海と太平洋に面する「日本の縮図」と言われているが，その兵庫県でも人口減少に転じた。ただ，神戸市（中央・東灘・灘区）は人口が増加するという**都心回帰**の兆候が出ている。

ンフラを維持できなくなる。住民税収入が減るためである。道路は陥没し、橋は崩落し、水道管は破裂する。公共施設は地震等で倒壊し、バスの本数は減り、ゴミの収集回数等の行政サービスも減る可能性が高い。神戸に住んでいると、中心部は華やかであるが、郊外はどんどん人口が減り、イノシシ等の野生動物が堂々と道を歩いている。高齢化社会に向け、**介護問題**も深刻である。私は、少子化対策よりも**コンパクトシティ**の実現に向けて、都市計画を強化すべきだと思うのであるが。

ではなぜ、東京への一極集中が発生するのであろうか。

東京は、多くの企業（しかも、本社が多い）が集中し、これによって得られる便益（**集積の経済**）が大きいからである。

Duranton and Puga（2004）では、これを①シェアリング、②マッチング、③ラーニングに分類した。シェアリングとは、東京の住民や企業はさまざまな運動・レジャー・文化施設、政府サービスを共有できることである。マッチングとは、東京には多様な能力を持つ人材が集積し、企業・人材は互いのニーズに適合したものを見つけることができること。ラーニングとは、多数の大学等が存在する東京では、知識獲得および人との出会いの場が多いということである。ただし、東京では、長い通勤時間・混雑への苦痛といった**集積の不経済**も考慮しなければならない。

図表3-6は、都心への平均通勤時間である。東京都心部への時間はきわめて長く、路面

図表3－6　平均通勤時間（注14）

（単位：分）

年	首都圏	富山県
1988年	46.0	21.4
1998年	53.8	24.4
2013年	44.9	22.2

電車等が発達している富山は短いといえる。ただ、1990年代をピークに時間が短縮されている。この原因の主たるものは、**「高層住居誘導地区」**の制度が創設されたからだと思われる。これは、都心やその周辺の土地の容積率を緩和して中高層マンションを増やし、**住宅不足解消と通勤ラッシュの緩和**、そして**職住近接**を達成するものである。図表3－7を見ると、高度経済成長期に郊外のニュータウンへ移転した人口が、20世紀末から**都心回帰**しているのがわかる。

大都市圏への人口移動が発生したのは、大都市圏と地方圏との間に多大なる**所得格差**が存在したからと思われる。人口移動により所得格差は縮小したが、今なお1・5倍前後の所得格差は続いている。2007年において、東京23区の総合物価指数が111・4であり、沖縄県は91・9である（全国平均は100）（注15）。しかしながら、住宅だけを考えると、東京23区の156・5に対して沖縄県は66・7となっており、不動産をも加味した生活水準は、東京も地方も大きな差異はないと考えられる。

図表3－7　都心（港・中央・千代田区）人口（注16）

（単位：人）

年	(1)昼間人口	(2)常住人口	(3)(1)－(2)
1970年	2,069,431	402,013	1,667,418
1980年	2,298,998	337,664	1,961,334
1990年	2,668,849	263,251	2,405,598
2000年	2,341,196	267,585	2,073,611
2010年	2,311,346	375,008	1,936,338

5．大学関係者が恐れる２０１８年問題

18歳人口は、戦後二度目のピークである１９９２年の２０５万人から減り続けてきたが、２００８年以降は、１２０万人前後で安定していた。それが、２０１８年には１０６万人と急減した。大学の倒産・吸収合併の可能性がある。これらの死活問題の打開策として、キャンパスの都心回帰・ネット出願・奨学金充実といったものがなされている。

これらのことも大切であるが、私個人としては、①社会に出て役立つ勉強をきちんとさせる、②身につけた専門知識を生かせる企業への就職対策をする、ことを重要視すべきと考える。学生の本分は、勉強である。そして、正社員として就職し生活を安定させることも、重要である。１９４７年生まれの人が18歳になった１９６５年の4年生大学進学率はわずか12・8％（女性は4・6％）

だったのが、今や50％を超えている。大卒自体に大きな価値はなく、何を勉強したかが問われる。

私は、2010年にマンションを購入するにあたり、宅建業者の提携金融機関8行の住宅ローン個別説明会に参加した。8行すべての説明を聞き、「いくらまで貸してくれますか？」と質問した。8行の平均値が上記の表となる（これ以外に、40歳以上であれば、残りの人生の仕事計画を厳しく問われることが多い）。30歳そこその方は、「自分はまだ若い」と思っている方が多いが、銀行側は必ずしもそうは思っていない。年収以外に勤務先の業績・自身の健康状態・家族のこと……いろいろチェックされて、少し大げさだが「丸裸」にされる。あせって住宅を買う必要はないが、なるべく若いうちに、不動産・金融の勉強をすべきである。そういう意味でも、大学における不動産教育は今後ますます重要性が増すのである。

住宅ローン借入可能限度額（概算）		
（1）ヤング	（～29歳）	年収×7倍
（2）ミドル	（30～59歳）	年収×5倍
（3）シルバー	（60歳～）	年収×3倍

6．わが国の空家

空家846万戸のうち、内訳を列挙すると図表3-9のようになる。賃貸用とは、賃貸用アパート・マンション等で空室のものである。2015年度より相続税法の課税強化対抗策

図表３－８　わが国の空家の推移（注17）

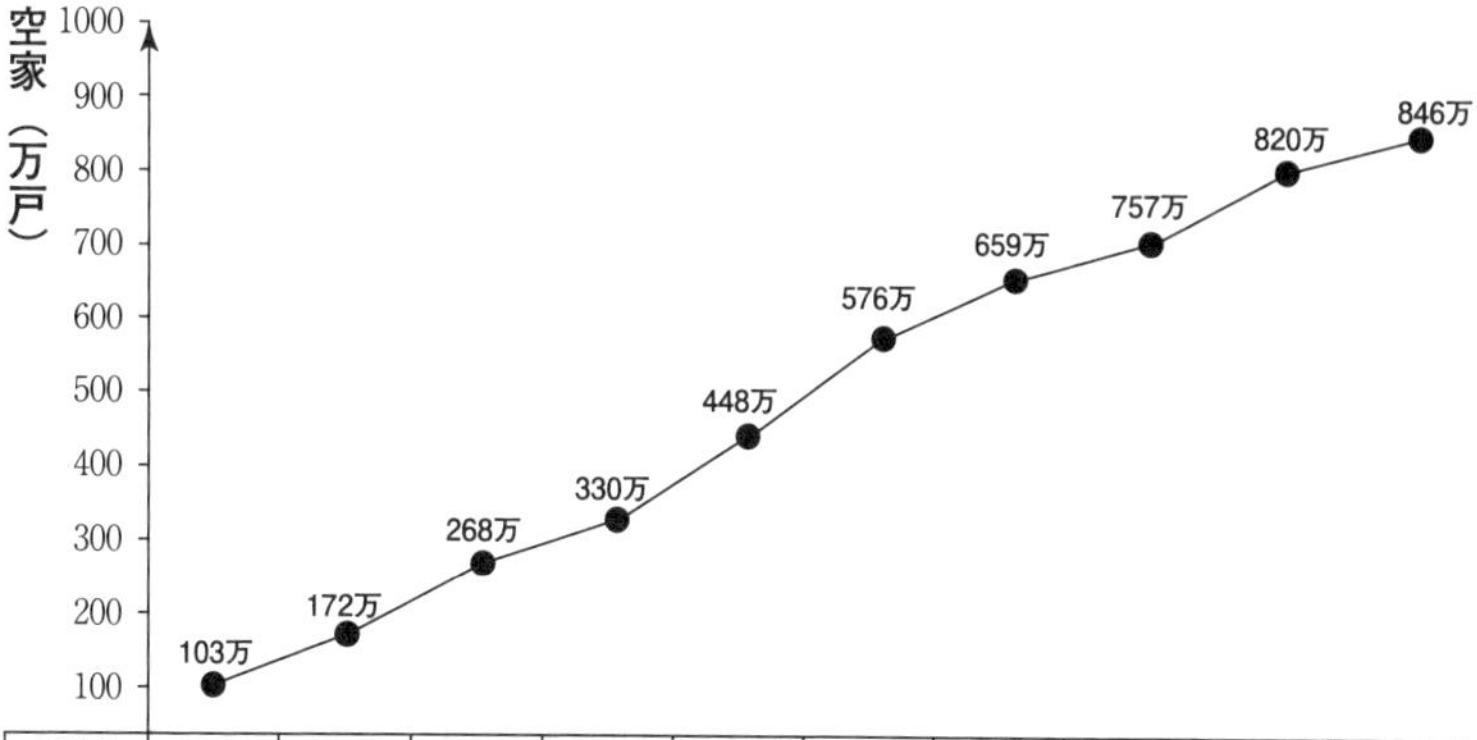

西暦	1968	1973	1978	1983	1993	1998	2003	2008	2013	2018
住宅数	2,559	3,106	3,545	3,861	4,588	5,025	5,389	5,759	6,063	6,241
世帯数	2,532	2,965	3,283	3,520	4,116	4,436	4,726	4,997	5,245	5,801
空家率	4.0	5.5	7.6	8.6	9.8	11.5	12.2	13.1	13.5	13.6

図表３－９

846万戸	賃貸用	431万戸
	売却用	29万戸
	二次的住宅（別荘等）	38万戸
	その他の住宅（長期不在等）	347万戸

（注）端数処理の関係で合計戸数は一致しない。

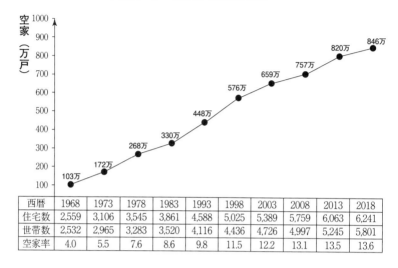

として、これらが増加したのであるが、なかなか借り手がいないのが現状で、売却用は販売活動中のものである。そして、**その他の住宅**が、両親の死や入院、都会等への就職等で使用されていない住宅であるが、**一戸建住宅の空家が急増**している。

アパートの空家は、2015年1月から相続税が強化されたことに対抗し、建物を建てて貸し出せばよい。さらに、借金をすれば資産の評価額がより下がるので、税が大幅に安くなる。先祖からの土地を手放したくないという心理・弱みにつけ込み、業者が需要を上回るアパート建設を推奨した結果である。

その他の住宅の約75%が旧耐震基準の建物であり、建替えや耐震改修の必要性があるものが多い。

さらに、空家を放置した場合のリスクは左記のようなものが考えられる。

① 換気をしないと湿気で建物が腐ってくる。
② 白アリ等の害虫が発生する。
③ 木の葉等で雨どいがつまる。
④ ツタが伸びて建物の壁に穴を空ける。
⑤ 排水管から悪臭が発生する。

空家というと地方の問題と思われがちであるが、決してそのようなことはない。図表3-11によると、私の実家がある田辺市は全国平均を大きく上回っているが、日本の中心である

図表3-10　その他の住宅の分析（注18）

① 建築された年代

1950年以前	1951～1970年	1971～1980年	1981年以降	不明等
17.8%	24.3%	27.0%	26.5%	4.4%

② 破損等の状況

屋根の変形・柱の傾き等が生じている	破損等がある	破損等がない	不明等
22.4%	32.4%	39.2%	6.0%

図表3-11（注19）

全国平均	13.5%
和歌山県田辺市	20.5%
東京都中央区	25.4%

東京都中央区はさらに上をいくのである。

地方の空家は古い木造住宅が多いのに対し、大都市の空家は高度経済成長期に建設された鉄筋コンクリート造等の団地（昔、ニュータウンと言われた）が多い。

7．空家法スタート

2015年に「**空家等対策の推進に関する特別措置法**」が施行された。条文をチェックしていこう。第1条には目的として左記のように規定されている。

> この法律は、適切な管理が行われていない空家等が防災、衛生、景観等の地域住民の生活環境に深刻な影響を及ぼしていることに鑑み、地域住民の生命、身体又は財産を保護するとともに、その生活環境の保全を図り、あわせて空家等の活用を促進するため、空家等に関する施策に関し、国による基本指針の策定、市町村（特別区を含む。第十条第二項を除き、以下同じ）による空家等対策計画の作成その他の空家等に関する施策を推進するために必要な事項を定めることにより、空家等に関する施策を総合的かつ計画的に推進し、もって公共の福祉の増進と地域の振興に寄与することを目的とする。

空家が地震や津波等で倒壊したり、害獣・害虫の巣となったり、景観が悪くなり、ひいては治安が悪くなる等の社会問題が発生する。そのため、国や市町村等が対策に乗り出すことになったのである。

また、第2条では空家等の定義がなされた。

この法律において「空家等」とは、建築物又はこれに附属する工作物であって居住その他の使用がなされていないことが常態であるもの及びその敷地（立木その他の土地に定着する物を含む）をいう。ただし、国又は地方公共団体が所有し、又は管理するものを除く。
2　この法律において「特定空家等」とは、そのまま放置すれば倒壊等著しく保安上危険となるおそれのある状態又は著しく衛生上有害となるおそれのある状態、適切な管理が行われていないことにより著しく景観を損なっている状態その他周辺の生活環境の保全を図るために放置することが不適切である状態にあると認められる空家等をいう。

この条文で特筆すべきことは、空家の定義が、「公に」初めて規定されたことである。この中に**「常態」**という用語がある。この常態の期間は**「1年間」**とされている。

さらに、第3条で空家等の所有者等の責務、第4条で市町村の責務が規定されている。

空家等の所有者又は管理者（以下「所有者等」という）は、周辺の生活環境に悪影響を及ぼさないよう、空家等の適切な管理に努めるものとする。
市町村は第六条第一項に規定する空家等対策計画の作成及びこれに基づく空家等に関する対策の実施その他の空家等に関する必要な措置を適切に講ずるよう努めるものとする。

もっともな規定である。そして、特定空家等に対する措置が第14条に規定されている。

市町村長は、特定空家等の所有者等に対し、当該特定空家等に関し、除却、修繕、立木竹の伐採その他周辺の生活環境の保全を図るために必要な措置（そのまま放置すれば倒壊等著しく保安上危険となるおそれのある状態又は著しく衛生上有害となるおそれのある状態にない特定空家等については、建築物の除却を除く。次項において同じ）をとるよう助言又は指導をすることができる。

2 市町村長は、前項の規定による助言又は指導をした場合において、なお当該特定空家等の状態が改善されないと認められるときは、当該助言又は指導を受けた者に対し、相当の猶予期限を付けて、除却、修繕、立木竹の伐採その他周辺の生活環境の保全を図るために必要な措置をとることを勧告することができる。

3 市町村長は、前項の規定による勧告を受けた者が正当な理由がなくてその勧告に係る措置をとらなかった場合において、特に必要があると認めるときは、その者に対し、相当の猶予期限を付けて、その勧告に係る措置をとることを命ずることができる。

私は、大学で「都市経済論」および「不動産学」の講義を担当している。講義の中で、「空家問題」について、偉そうに話していた。そして、ある日、実家のある市役所から「空家等に関する通知」が届いたのである。

私は、約3年間、実家に帰っていなかった。その間に風雨で屋根が傷み、さらに2016年の2回の地震により屋根が少し落ちてしまっていた。「このまま放置すれば倒壊等著しく保安上危険となるおそれがある状態にある」として、指導・助言の通知を受けたのである。

約1年間で、4棟ある実家の建物のうち、状態のひどい道路に面した部分を片づけ、一部解体および改修工事をした。

「改修が終了したら、市役所に届出をするように」と言われていたので、直接訪問した。庁舎の地階の奥の建築課の部屋に通され、PCの画面を見ながら改修前の状態のチェックおよび改修後の画像を見せることで、当面の問題は解決した。

私は空家等の管理の大切さを学生に教える立場にありながら、自分の実家がこのような状態になり、市役所の担当官の方々に迷惑をおかけしたことを詫びた。

「いえいえ、相川さんのように、指導・助言にすぐに対応して下さる方はありがたいです。そのような方には、解体等の措置命令はいたしませんから」と、担当官の方は笑顔でおっしゃった。

おそろしい話である。逆にすぐに対応しないと、建物全体が解体される可能性があるのである。市役所の担当官の方々の調査に関する労力には頭が下がる思いである。今後は、1年のうち何度か帰省し、少しずつメンテナンスをしていきたいと思う。

8．特定空家等に認定・勧告されると固定資産税が大幅増！

一定の住宅敷地で、２００㎡、課税標準が１、２００万円とすると、本来なら１、２００万円×１／６×１・４／１００＝２・８万円のところ、左記のようになる可能性がある。

１、２００万円×１・４／１００＝16・８万円

さらに、**都市計画税**も大幅増となる。

実家を空家にし、市役所から指導・助言・勧告の対象となった自分を見つめ直すと、御先

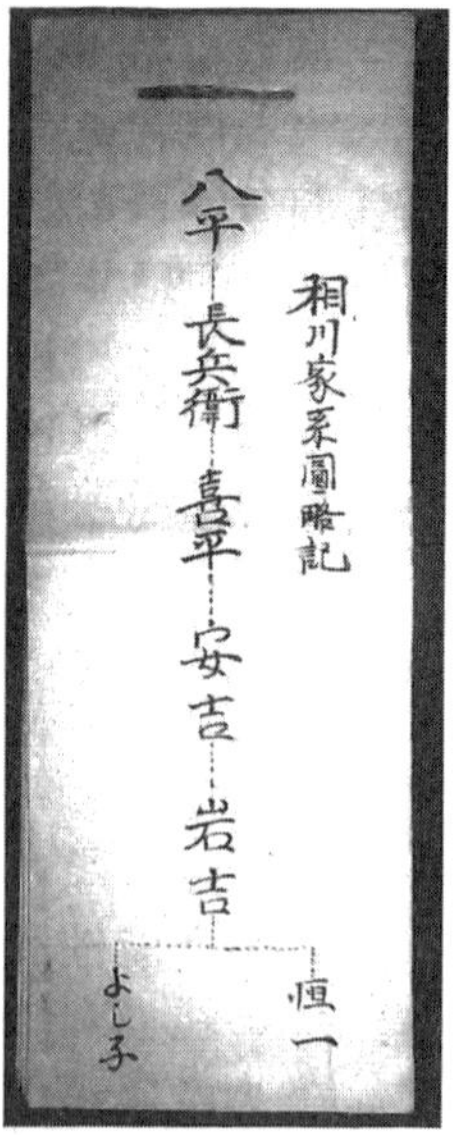

図表3-12　空家の流れ

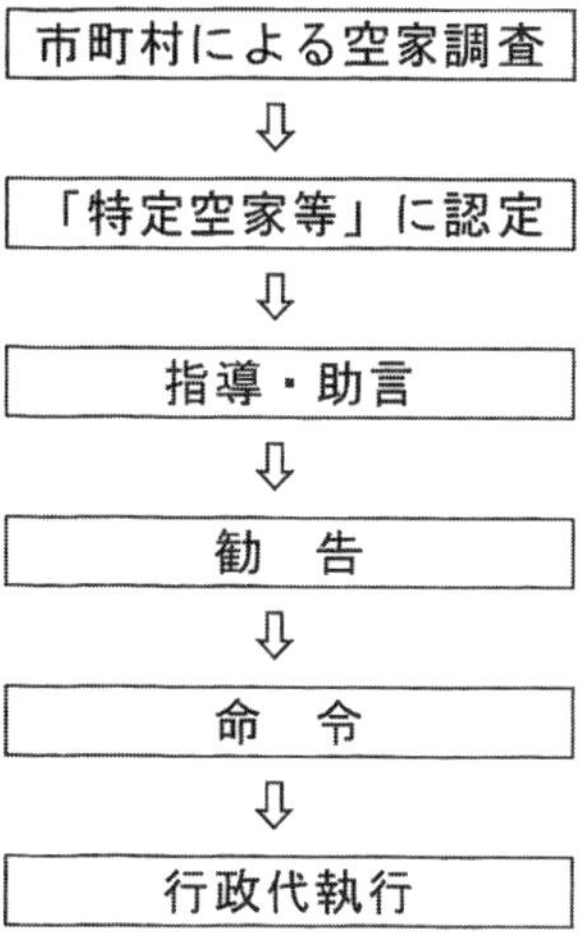

図表3-13

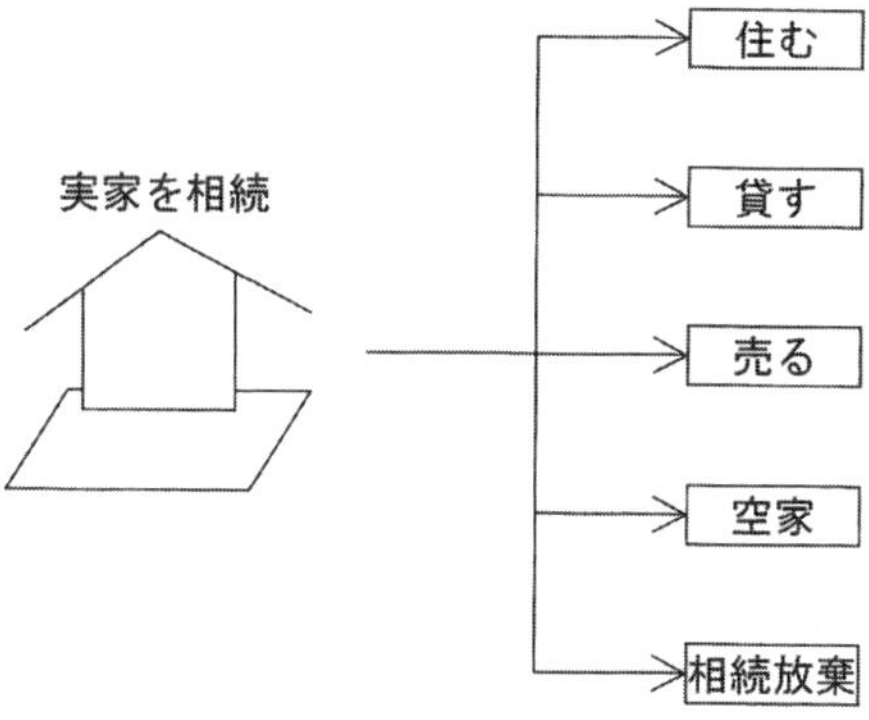

祖さんへの敬意が足りないことに気がついた。そこで提言であるが、両親が亡くなり実家を相続したなら、四十九日あたりに相続人が集まり、家系図等で自分たちのルーツを探り、御先祖さんが残してくれた不動産等のありがたみを再確認してはどうか。私は兄弟姉妹がいないので、たった1人で家系図をチェックし、今まで実家をないがしろにしてきたことを反省した。親の遺品を整理すると、いろんな物が出てきたのである。右の写真は家系図である。

相続した実家の活用パターンをまとめると、図表3-13のようになる。

相続税法改正により、今後、相続税対策も合わせて重要となる。

相続税の基礎控除を40%も圧縮する大改正は、平成23年になされるはずだったので

図表３-14　相続税の改正推移

時期	昭和62年12月以前	昭和63年１月～平成３年12月31日	平成４年～５年	平成６年～14年	平成15年～25年	平成26年以降
最高税率	５億円超 75%	５億円超 70%	10億円超 70%	20億円超 70%	３億円超 50%	３億円超 55%
基礎控除	2,000万円＋ 400万円× 法定相続人数	4,000万円＋ 800万円× 法定相続人数	4,800万円＋ 950万円× 法定相続人数	5,000万円＋ 1,000万円× 法定相続人数	同左	3,000万円＋ 600万円× 法定相続人数

図表３-15　新設住宅着工戸数（注20）

年	総数	うち貸家
平成23年	834,177	285,832
平成24年	882,797	318,521
平成25年	980,025	356,263
平成26年	892,261	362,191
平成27年	909,299	378,718
平成28年	967,237	418,543
平成29年	964,641	419,397
平成30年	942,370	396,404
令和元年	905,123	342,289

図表3－16

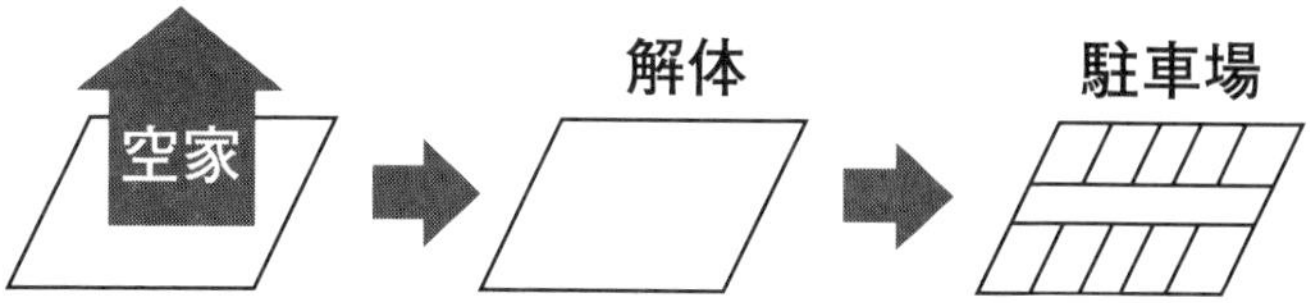

図表3－17

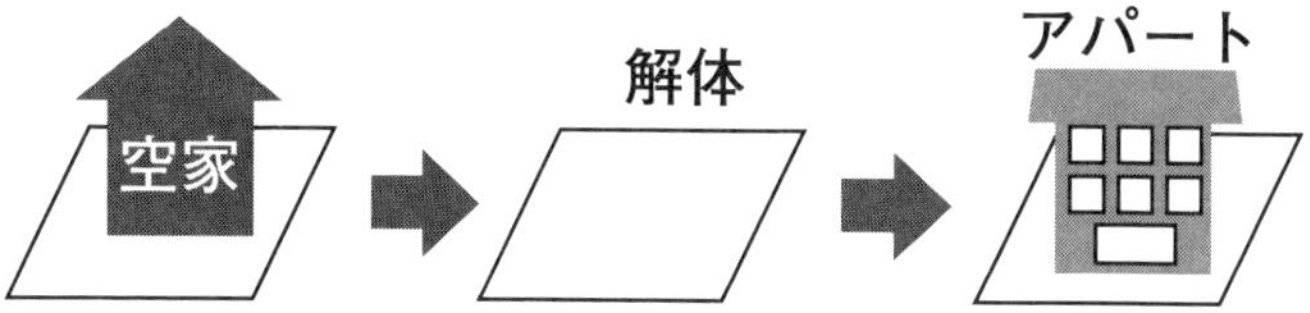

あるが、東日本大震災の影響で3年延期となった。図表3－15を考察すると平成24年より「貸家の新設」が増加し、驚くべきことに、消費税増税かけ込み需要後の平成26年でさえ増加している。**誤った相続税対策の影響**と考えられる。そして、6年連続で貸家の新設が増加したが、ついに減少に転じた。

9．空家の活用例

空家の活用例としては、大きく分けて左記の3つとなる。

(1) 自分で活用する
(2) 賃貸する
(3) 売却する

(1) 自分で活用する

空家を解体して、**駐車場**にする方法をとる人が多い。初期に係る費用は少なく、収益を上げることが可能だが、車に乗る人口が減っていることで暗雲が漂う。ただし、将来的には、**水素タウンの設置場所および自動運転車の待機場所**としての利用が増加するであろう。

また、アパート・マンション経営で安定収入を目指す人も多い。貸家建付地として相続税も安くなる。不動産会社による**サブリース方式**（賃貸物件のオーナーから不動産会社が物件を一括して借り上げて、第三者に転貸（また貸し）するシステム）で安心をする人が多いが、「期間内でも家賃減額や契約解除できる」旨が特約されていることが多く、安心はできない。今後は介護施設や店舗を建築するケースが増加するであろう。

以上のケースでは、解体費用が安くても100～200万円、場合によっては500万円前後かかる可能性がある。

(2) 賃貸する

よくあるケースである。月々の家賃収入が得られるが、その前提として、リフォーム代金が安くても100～200万円、場合によっては1,000万円前後かかる可能性があることに注意すべきである。

また、建物を売却して土地だけを賃貸する方法（図表3-19）や、建物を解体して土地だ

図表３−18

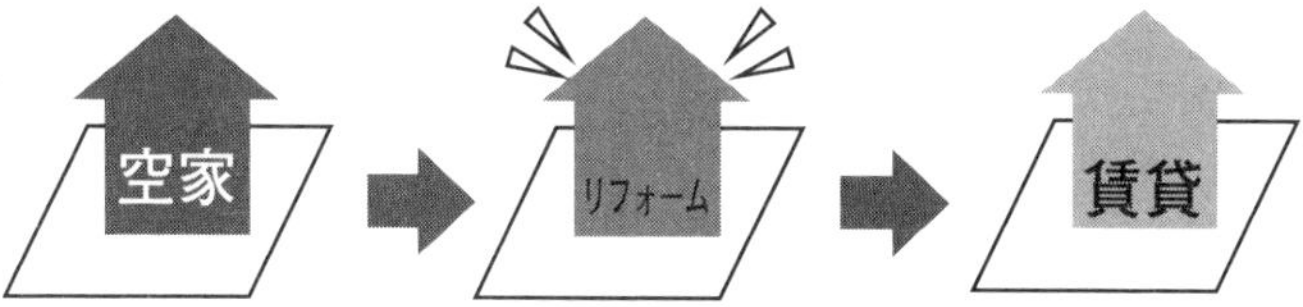

図表３−19

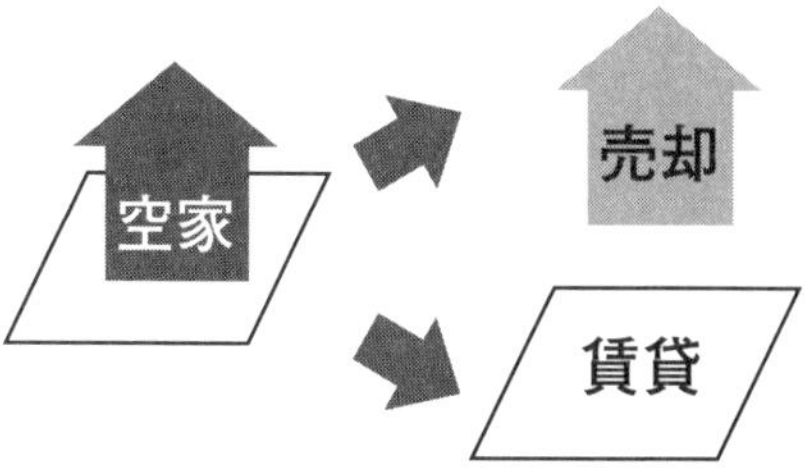

図表３−20

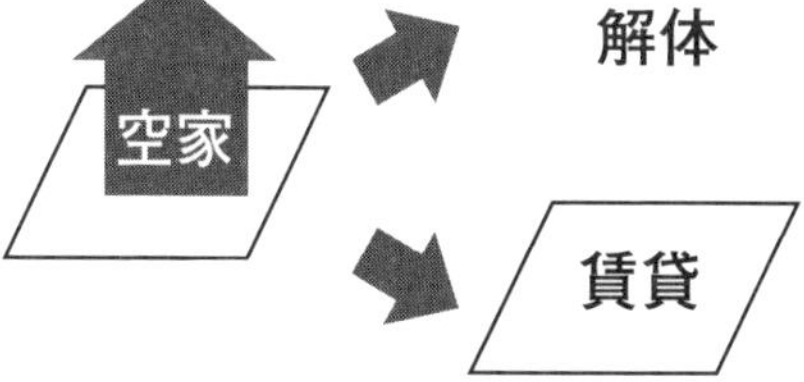

けを賃貸する方法（図表3-20）がある。これらの方法であれば、子孫に土地を残すことができるが、1つ注意点がある。土地というものは、いったん人に貸してしまうと（**借地契約**を結ぶ）、更新が原則のため、なかなかもどってこない。そのため、土地に関しては**定期借地権**（一定期間が経過すれば更新がない）として契約するとよい。

(3) 売却する

図表3-21のように、土地も建物も売却してしまう。固定資産税や修繕費がかからなくなるメリットがあるが、先祖伝来の不動産を簡単に手放していいのか、という問題がある。

図表3-22が図表3-21と異なるのは、建物を解体してしまうこと。解体費用がかかるが、図表3-21と比較して高く売却できるし、自治体によっては、**解体費用の補助**が出るところもある。また、空家となった実家を売った場合、一定要件を満たせば、譲渡所得から**3,000万円が控除**される所得税の特例がある。

空家等の活用に役立つ方法には、左記のものがある。

① リバースモーゲージ（reverse mortgage）

自宅を担保にして銀行から借金をし、死亡時に自宅を売却することで一括返済することをいう（図表3-23）。

図表３－21

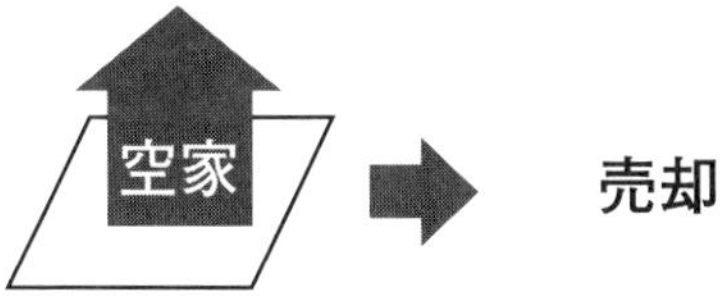

図表３－22

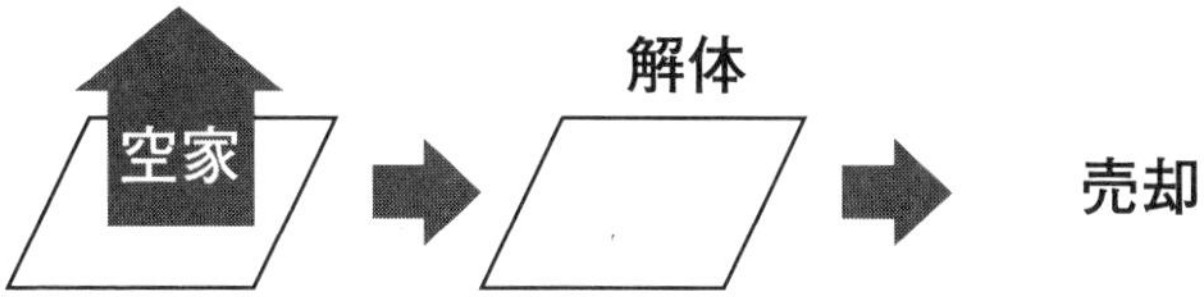

図表３－23

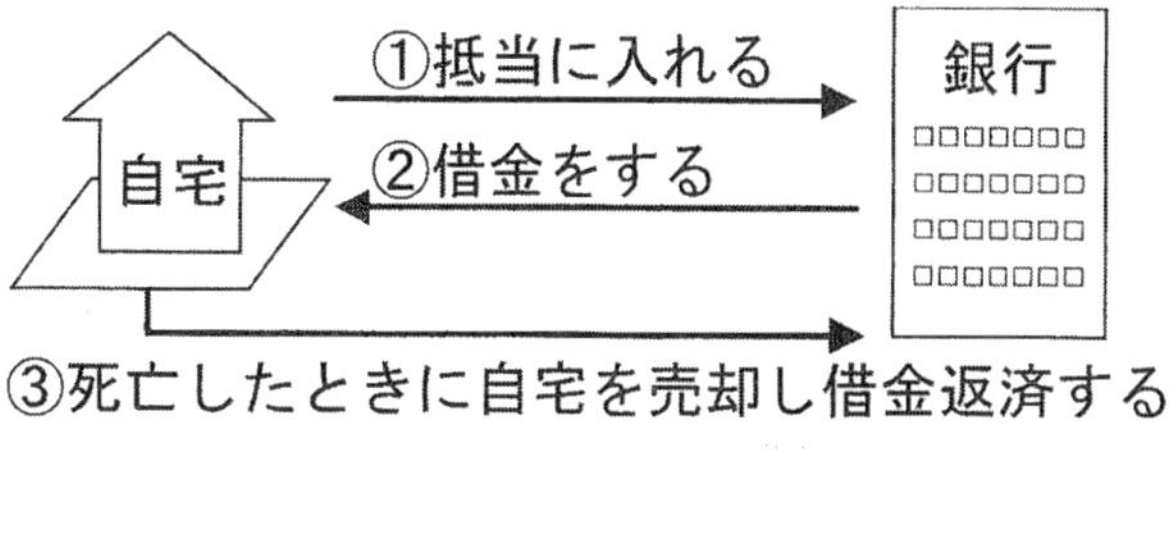

② **リノベーション**（renovation）

既存の建物を大規模改装し、新しい価値を加えることをいう。用途変更や時代のトレンドに合わせた機能向上を伴う点で、③リフォームとは異なると解釈されている。「renovation」とは、「革新、刷新、修復」をいう。

③ **リフォーム**（reform）

老朽化した建物を新築の状態に戻すことをいう。原状回復はこれに該当する。「reform」は、「悪い状態からのスタート、マイナスをゼロにする」意味で用いられることが多い。それに対し、「renovation」は「ゼロにプラスα」という意味で用いられることが多い。

空家対策の実例として、栃木市では市内の空家所有者に活用方法の希望を聞き、解体や活用のためのリフォームへの補助金制度を全国に先駆けて設けた。よって、2015年度の栃木県の空家バンク成約件数は全国第1位となった。

また、和歌山県田辺市では、10年間空家だった民家（1955年建築・木造2階建）をリノベーションし、**一棟貸しの宿泊施設**として再生した。江戸期の錦水城下八町の1つである紺屋町にできた**「紺屋町家」**である。これをつくったのは、弁慶の故郷田辺市で南紀・熊野を元気にする会社（第3セクター）である**南紀みらい株式会社**である。実は、この紺屋町こそが私の生まれ育った実家がある町である。紺屋町家は稼働率が高く、宿泊客は圧倒的に欧

図表 3 -24　1962年当時のストリート

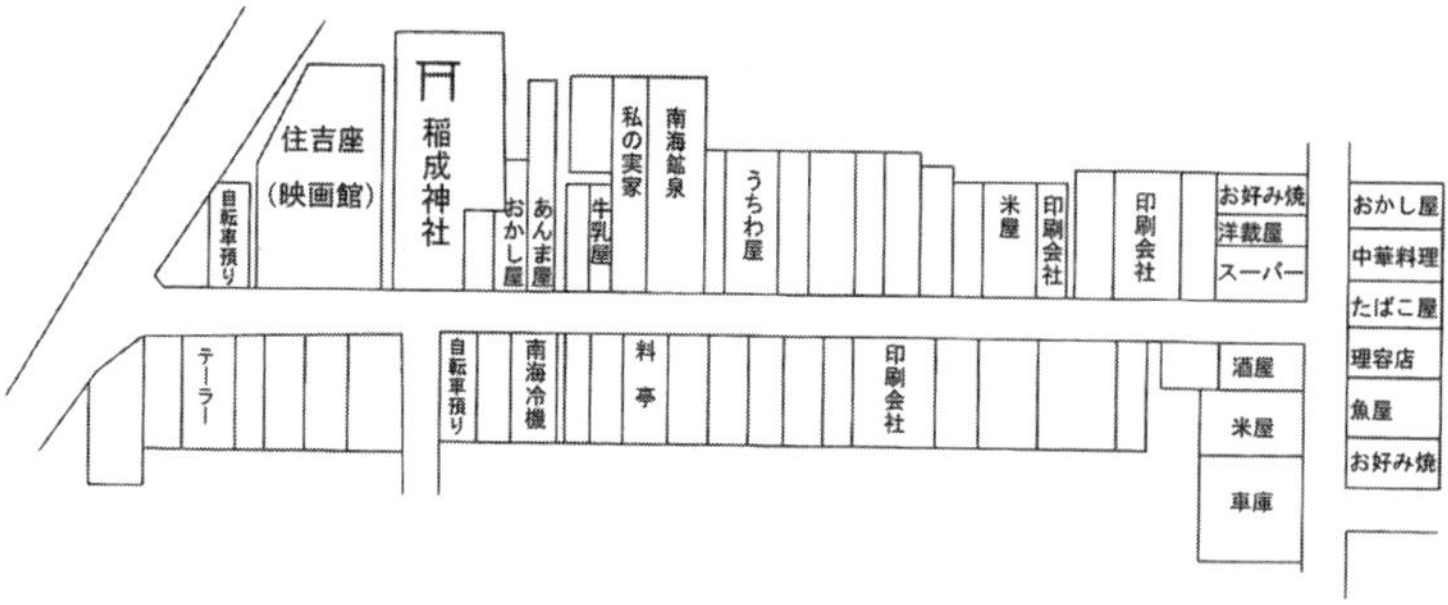

図表 3 -25　2017年のストリート

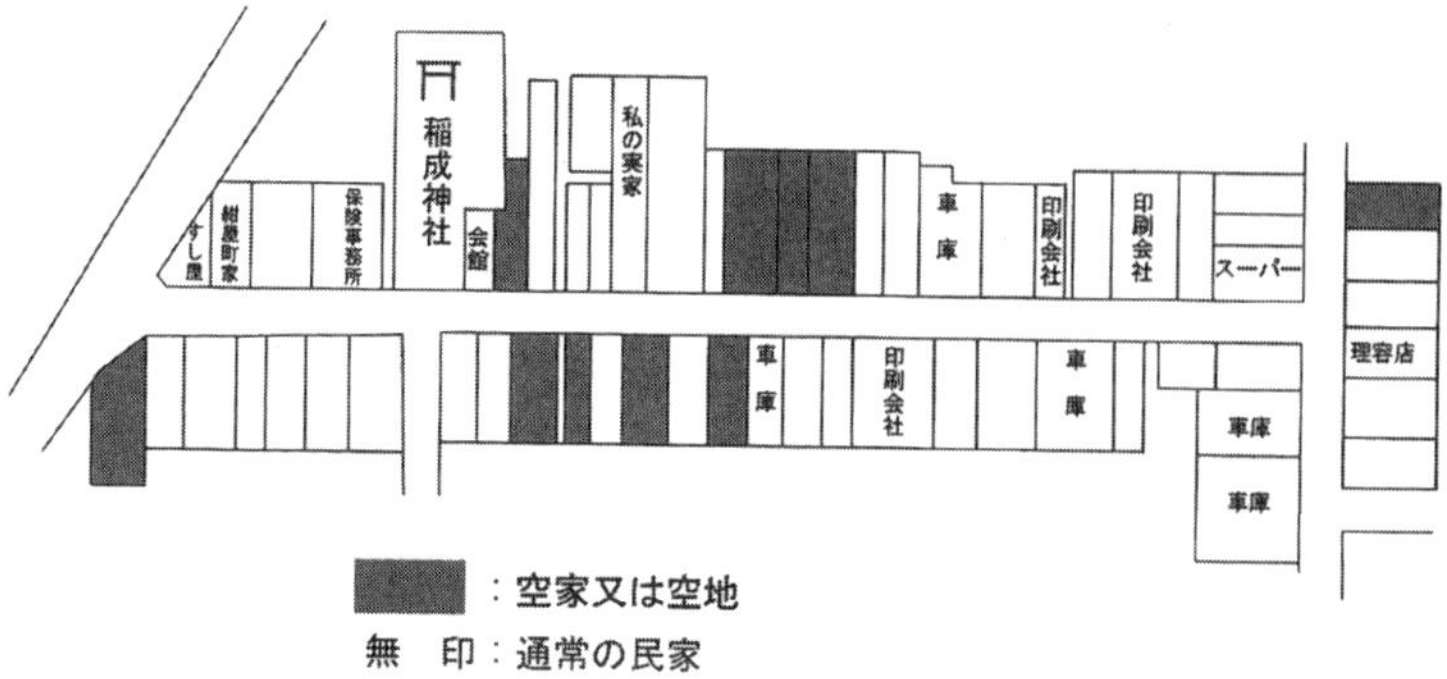

図表3-26　田辺市街図

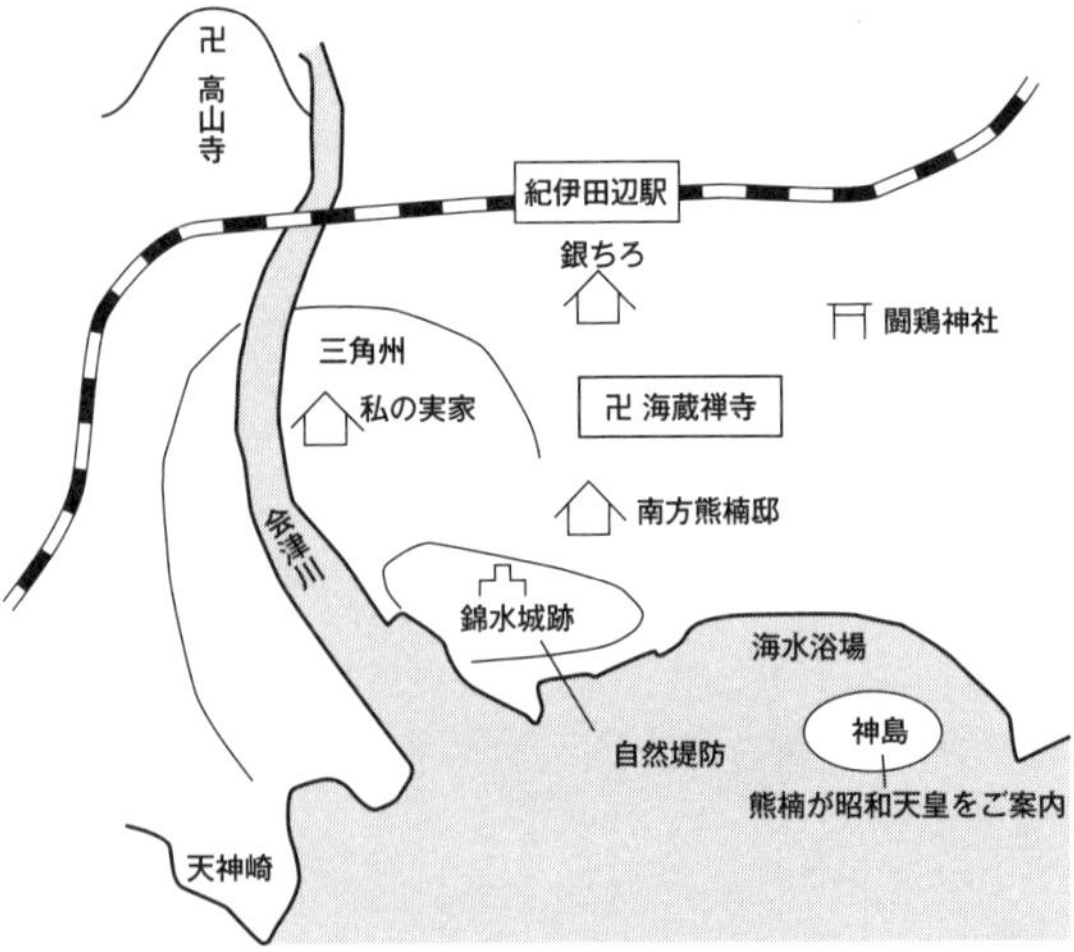

米の方が多い。宿泊した理由を聞くと、左記のものが多かった。

① 世界遺産「熊野古道」を歩きたい。
② 南方熊楠が好き。高山寺のお墓参りをしたい。
③ ナショナルトラスト運動発祥の地「天神崎」に行きたい。
④ 釣りがしたい。
⑤ 海水浴をしたい。
⑥ 白浜温泉へ行きたい。
⑦ クエ・ウツボ・梅酒等うまいもんを食べたい。

10．紺屋町55年の変遷

前頁が、私が生まれ育ったストリートであ

る。55年の時の経過で店舗数が10分の1に、空家が大幅に増加している。まったく変わらないのが、日本最古の稲成神社といわれる神社、印刷会社、そしてスーパーである。

私の実家は、図表3-26のように、会津川の**三角州**の中にある。海ばつは約1・5mで、昔から津波・高潮の被害を受けている。私の先祖は錦水城に出勤していたそうであるが、城は**自然堤防**の上にあり比較的水害に強かった。紺屋町で空家が増加した1つの理由は、南海地震が迫り津波を警戒した若者たちが、田辺駅より北の高台に家を新築して引越しをしてしまったことである。しかしながら、私は彼らに忠告している。**高台は造成宅地であり、土砂災害の可能性があること**を。崖くずれや土砂の流出を甘くみてはいけないのである。

11. 空家仲介手数料、上限緩和へ

宅地建物取引業法では、「宅地建物取引業者は、国土交通大臣の定める報酬額を超えて**報酬**を受け取ってはならない」とされている。そして、その上限額とは、図表3-27のものである。

図表3-27

宅地建物の代金（消費税ぬきの金額）	上限額
①200万円以下	代金×5％
②200万円超400万円以下	代金×4％＋2万円
③400万円超	代金×3％＋6万円

すなわち、グラフで示すと図表3-28のようになる。しかしながら、空家は価格が安いので、労力に見合った報酬を得ることが難しい。

そこで、図表3-29のように、**400万円以下の空家等**（空家でない建物や宅地を含む）取引限定で、18万円を限度に請求できることとなった。すなわち、現地調査等の費用を要するものについては、依頼者から受領できる報酬限度額は、「図表3-27①・②の限度額＋現地調査等費用相当額「上限**18万円**（＋消費税）」」となった（事前に依頼者との合意が必要）。

図表3-28

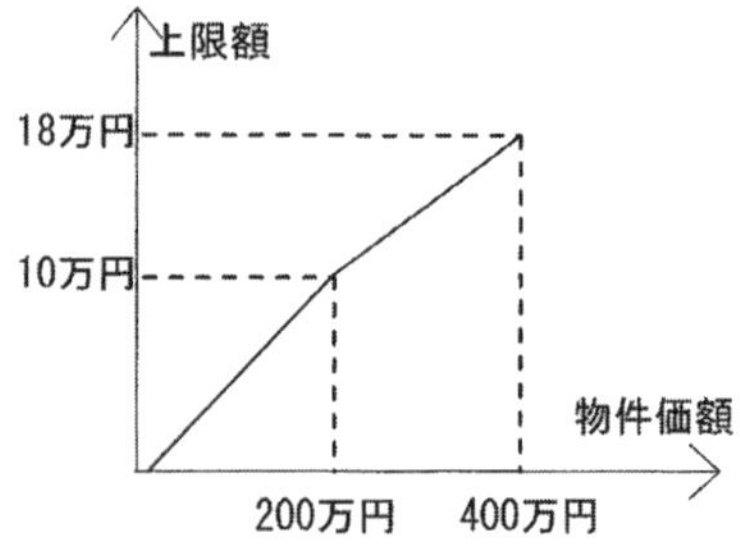

図表3-29

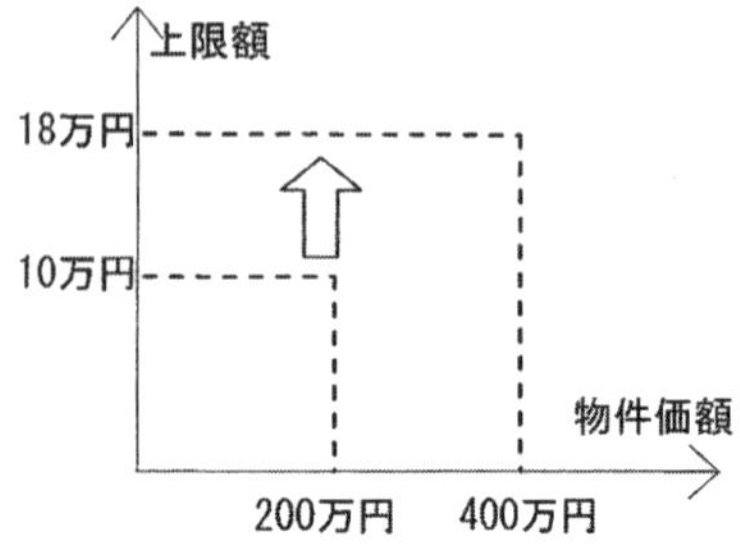

国家試験にチャレンジ！（宅地建物取引士試験・1981年）

宅地建物取引業者Aは、売主Bと買主Cとの間における代金350万円の建物の売買契約の成立に当たり媒介を行った。AがBに対して請求できる報酬の最高限度額は、次のうちどれか。なお、消費税は考慮しない。

1 105、000円　**3** 160、000円
2 140、000円　**4** 165、000円

右記の場合、350万円×4％＋2万円＝16万円となり正解は3となるが、これがもし一定の空家等なら、18万円を限度に受領可能となるのである。なお、この問題とは関係ないが、多くの商品等には消費税が課されるが、**土地には課されない。**

12. 空家問題解決へ――地方創生へ

「空家等に関する通知」を受け取った時、私は気が動転した。そして、「市はなぜ一市民をいじめるのか」と思った。他の市民もそう受け取った方々が多かったらしい。しかし、それは勘違いである。市当局は、市民の生活を保護するためにさまざまな活動をされているのである。そこで、我々**教員や学会で活動している者が、市民と行政側との橋渡し**をできる制度

を構築していければと考えている。

特定空家等の認定による指導、助言、勧告および命令や行政代執行は、特定空家等の減少に寄与し、固定資産税の課税標準の特例廃止等の税制上の措置も同様の効果があると思われる。

宅地建物取引士の制度導入で宅建業界はよくなった。マンション管理士および管理業務主任者の制度導入で、マンション管理業界はいい状態に移行しつつある。空家問題対策の1つの柱として、**賃貸不動産経営管理士を国家資格化し、空家対策を担当させる制度**を構築すべきと考える。国土交通省の方々にご一考いただきたい。

注

(注1) 鬼頭宏『人口から読む日本の歴史』(講談社・2000年)による。
(注2) 総務省統計局『国政調査報告』による。
(注3) 通称、軍艦島に建設された社宅である。今は廃墟となっているが、見学ツアーが人気を集めている。また、2015年7月6日に、端島をはじめとする「明治日本の産業革命遺産」が世界文化遺産に登録されることとなった。
(注4) 最後の同潤会アパートである「上野下アパート」(東京都台東区)の取壊しが、2013年6月に開始された。
(注5) 住宅を建築・購入・改良等をする際に、低金利で融資をするところである。
(注6) マンションという呼称だけではなく、レジデンス、ヴィラ、シャトー等とも呼ばれた。
(注7) この改正により、区分所有法が注目をあびることとなった。

（注8）相川眞一『初めて学ぶマンション管理士学』（TAC出版・2004年）43頁より。
（注9）容積率とは、建築物の敷地面積に対する延べ面積の割合であり、大きいほど高い建築物を建築できる。たとえば、容積率が600％だったとすると、敷地面積に対して6倍のフロアを持つ建物を建築できる。
（注10）兵庫県下では、全半壊の被害の認定を受けた10戸以上の分譲マンションは172件。そのうち建替えを決定したのが108件、補修が55件、再建断念等が9件であった（神戸市発表）。
（注11）クライアントである管理組合30につき1名以上設置しなければならない。しかし、これは、単純計算すると、「管理業務主任者が月に1回だけ管理組合を訪問すればよい」ということにもなりかねない。私見であるが、月2回の訪問は必要であるし、週休2日（または、各週休2日）を考慮すると、クライアントである管理組合10につき1名以上必要ではないかと思われる。
（注12）国勢調査による。
（注13）国勢調査による。2020年に関しては、国勢調査を基にした兵庫県企画県民部ビジョン局統計課の集計である。
（注14）総務省統計局「住宅土地統計調査」より相川が作成。
（注15）全国物価統計調査による。
（注16）総務省統計局「国勢調査」より相川が作成。
（注17）総務省『平成30年　住宅・土地統計調査』による。
（注18）総務省『平成30年　空家実態調査』による。
（注19）総務省『平成25年　住宅・土地統計調査』による。
（注20）国土交通省『住宅着工統計』による。

※本章は『大阪學院大學通信　2017年 第48巻 第7号』に寄稿したものを加筆修正したものである。

第4章 防災と不動産に関する一考察

1. 災害と私

私は、和歌山県の海岸近くで生まれ育った。2歳の時に、高潮で母とともに流された。30cm前後の高潮であったと思うが、私にとっては忘れることのできない幼児体験である。その後も台風等の災害を経験し、将来は災害を受ける可能性の少ない地で暮らそうと考えた。

母からは、1946年12月21日に発生した**昭和南海地震**について、何度もその恐さを聞かされた。私の実家は、1854年の**安政南海地震**で倒壊した。さらに、1889年の明治大水害で流された。その経験から、1890年に柱を太くした平屋建てを建築したという。その実家が今も現存している。すなわち、昭和南海地震では倒壊せずに、もちこたえたのである。その原因を究明中である（途中経過は、12．を参照）。

小学校に入学後、過去の災害歴を検証すると、兵庫県から岡山県にかけての地域が比較的少ないことが判明した。そこで、私は、大人になったら神戸に住もうと考えたのである。そして、１９９５年1月17日の**兵庫県南部地震**（以下、**阪神大震災**という[注1]）で被災してしまうのである。

それから16年後の２０１１年3月11日、私は、東京は新宿の京王プラザホテルでホワイトデーのチョコレートを買った。その後、東京都庁の展望台に上り、月1回行っている東京スカイツリーの建設状況の定点撮影をした。その後、浅草での定点撮影のため都庁を後にし、ＪＲ新宿駅まで歩き始めた。その時、胃の調子が少し悪かった。

私は、毎年1月の中旬に開催されている**「比較防災学ワークショップ[注2]」**というセミナーに参加させていただいている。２０１１年のセミナーの合間に、河田恵昭先生が言われた「長時間、電車に乗る前には、便所に行っておいたほうがよい」というお言葉が、ふとよみがえった。私は、電車に乗るのをやめ、もう一度京王プラザホテルに帰り、ゆっくりお手洗いを済ませた。その時、「まもなく大きな地震がきます」という**緊急地震速報**が発せられた。それから10秒後ぐらいに、何とも言えぬ無気味なヨコ揺れがきたのである。阪神大震災とは異なるユラリユラリとくる**長周期地震**が。結局、電車はすべて止まった。河田先生のお言葉がなければ、私はたぶん電車の中で、この**東北太平洋沖地震**（以下、**東日本大震災**という）を迎えたであろう。そして、電車の中に数時間閉じ込められ、悲惨な体験をすることになったであろう。これこそ、まさに防災の知恵である。

私は幼ない頃、高潮で流され、阪神大震災では震度7の地点で被災し、そして東日本大震災では震度5とはいえ、恐怖の体験をした。でも、無事であった。**「日本の歴史は、災害とそれからの復興の歴史」**と言っても過言ではない。**「過去の歴史を学び、自らの経験をまとめ、それを後の世代に伝えていくこと」**が天命だと強く感じている。

2. 阪神大震災時の避難所生活

私は、阪神大震災の際、1階下の部屋に住む中国人女性に助けられ、近くの春日野小学校へ行った。マンションにいると、ガス爆発の危険があったからである。1995年1月17日は、私が生まれて初めて、水も食料も一切摂取しなかった日である。その夜、突然、炎の竜巻が発生した。「**火災旋風**（fire whirlwind）じゃ！　早く逃げるのじゃ!!」と関東大震災・阪神大震災の両方を経験した女性が叫んだ。翌18日の午前1時頃に、丹波篠山の方々からおにぎりが届き、1個いただいた。その日の昼には、姫路のまねき食品さんから駅弁が届けられた。その日の夕方、神戸市役所まで電話（無料）をかけるために行ったのであるが、夜に迷子になってしまった。なぜなら、街灯がほとんど消えて、街が真っ暗だったからである。懐中電灯で照らしても道がわからず、神戸ポートタワー横の客船待合室で野宿をした。翌19日は、同じ場所で野宿していた方に「釣りに行こう」と誘われ、アジやスズキを釣った。釣

図表４－１

月／日	1/17	1/18	1/19	1/20	1/21
朝	ナシ	オニギリ１個	ナシ	牛丼（吉野屋さんからの救援物資）	パン１個
昼	ナシ	駅弁1/2	スズキ・アジの塩焼き	パン１個	オニギリ２個
晩	ナシ	ナシ	姫路おでん オニギリ１個	オニギリ２個（岡山県笠岡市の方々からの救援物資）	ギョウザ（横浜中華街の方が焼きに来て下さった），リンゴ（アメリカからの救援物資）

りでもして魚を焼いて食べるしかなかったのである。図表４－１が，阪神大震災後５日間の食事内容である。

上記のものは，ほぼすべて救援物資である。全世界の皆様，本当にありがとうございました。

３．区画整理の防災効果

阪神大震災で震度７の激震に襲われた西宮，芦屋両市の境界で隣接する２つの地区の被害に格差が出た。**区画整理**（land re-adjustment）の差である。

西宮市弓場町では道路の幅員６ｍで，その上，古い木造家屋が多く，将棋倒しで全半壊した家屋が狭い道路をさらに狭くし，大変な被害が出た。一方，芦屋市春日町ではすでに**土地区画整理事業**が行われており、道路の幅員は15mで両側に歩道もある。また、事業の際に建て替えた家屋も多く、倒壊も少なかったのである。また、たとえ倒壊したとしても、道路が広いため避難に支障はなかったのである（図表4-2を参照）。

次に、火災の被害の大きかった神戸市兵庫区の例であるが、松本通と上沢通でも明暗を分けた。出火したのは上沢通3丁目であった。火は道路を隔てた北側の松本通に飛び火し、軒を連ねる木造の文化住宅は炎に包まれたのである。炎は東風に乗って松本通3丁目から7丁目まで西に駆け抜け、1月18日午前3時ごろ鎮火した時には、下町の風情が残る町は焼け野原に一変していた。

しかし、上沢通は違ったのである。火は東側へは3丁目から50mほど進んだだけで、2丁目には及ばなかった。食い止めたのは幅員18mの市道。4、5丁目も4～6階建ての鉄筋コンクリートのビルに守られるようにほとんど無事であった。上沢地区の土地区画整理事業は阪神大震災の15年前から行われ、7割がた終了していた。**「防火帯」**となった2、3丁目の18m道路も、**「防火壁」**となった4、5丁目のビルも、この事業によってつくられた

図表4-2

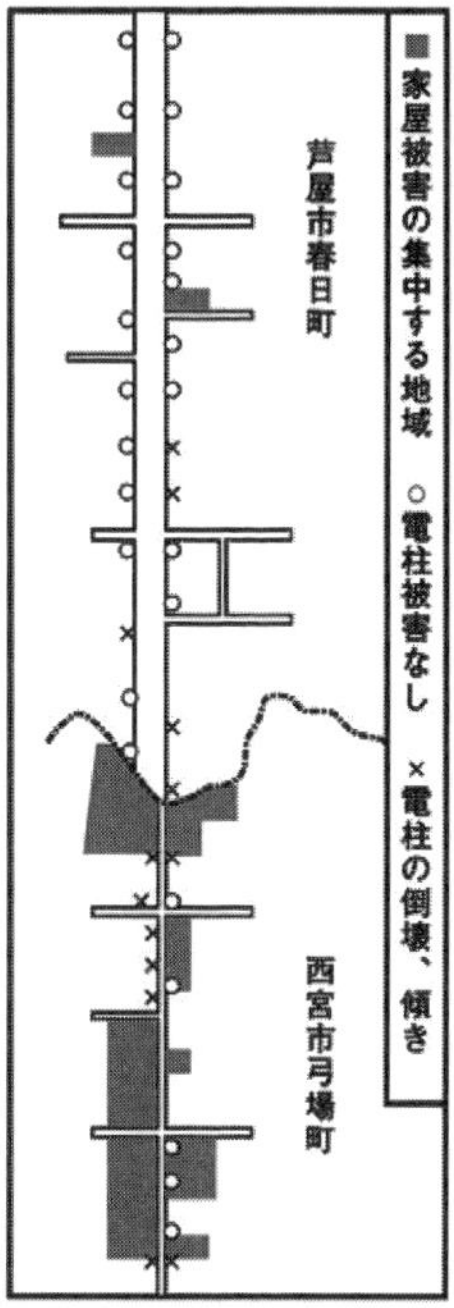

図表4－3

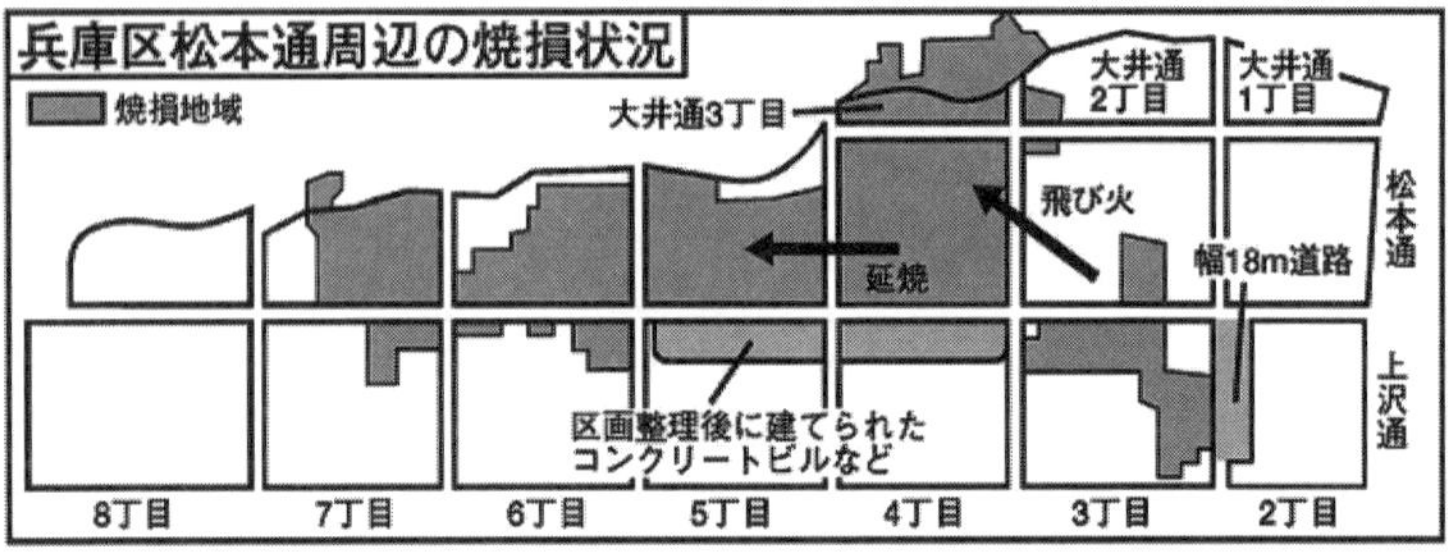

図表4－4

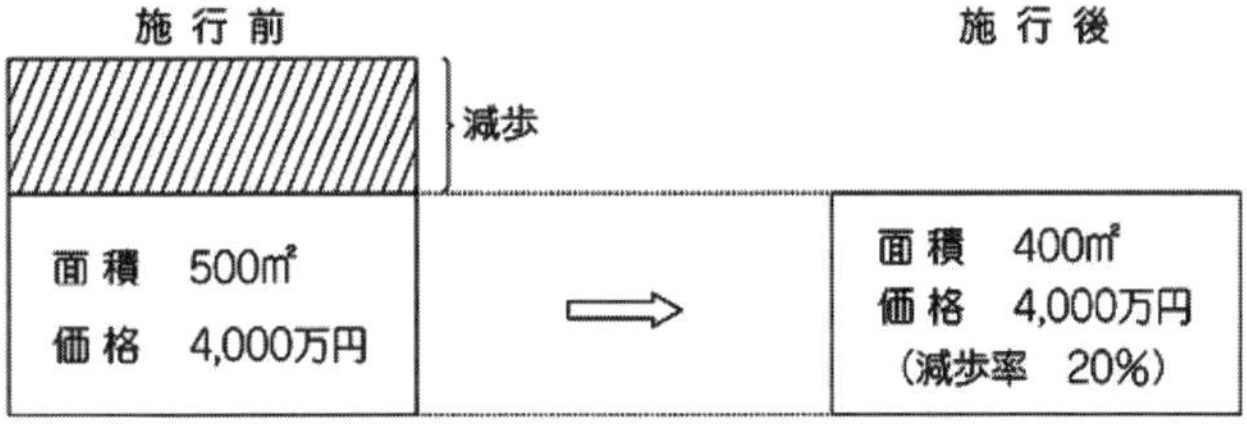

ものである。道幅が狭いと、路上に崩れた住宅が炎の橋渡し役となって燃え広がり、道が広ければ、ふく射熱による飛び火も少なくなる。そういう意味で、**土地区画整理事業の防災面での効果が証明された**わけである（図表4－3を参照）。

しかし、区画整理というものはメリットばかりではない。「広い道路をつくる」ということは、地権者から「一定の割合」で土地を提供してもらう「減歩《げんぶ》」が必要なのである。つまり、住民に痛みを伴う。住民にとってみれば、防災を考えたまちづくりに対しては大賛成であっても、先祖代々受け継がれた自分の土地の一部を手放すのはやり切れないものがあるのである。

従来、神戸市が行ってきた土地区画整理事業での減歩率は17～18%。しかし、当時の**笹山幸俊神戸市長**（当時）は事態の深刻さを考え、10%前後とした。具体例をあげて説明しよう。事業の施行前には、道路も狭く、家が建てこんでいて、1㎡当たり8万円であったとする。事業施行後は、道路の新設拡張、公園の新設等により各画地の**利用価値が上昇**し、1㎡当たり10万円になったとしよう。そうすると、500㎡の宅地が400㎡になったとしても、その価値は変化しない（図表4-4）。

4. 地震の発生確率等

阪神大震災を契機として設立された**地震調査研究推進本部**は、各地の長期的な地震発生確率を発表している。2006年時点のものが図表4-5である。(注3) ズバリ的中しているのではないか。もちろん、現在では、もっと確率が上昇している。

図表4-5

エリア	10年以内	30年以内	50年以内
南海地震	10%程度	50%程度	80～90%
東南海地震	10～20%	60%程度	90%程度
東海地震	—	87%	—
宮城県沖	50%程度	**99%**	—
茨城県沖	50%	90%程度	—

5. 東日本大震災に見る立地と津波の関係

東日本大震災では、福島第一原発は多大なる被害となったのに対し、女川原発は大きな被害がなく、それどころか避難所として機能したほどである。2つの原発の明暗を分けたのは何か。

図表4-6のように、女川原発は、海ばつの高い所に立地している。図表4-7は福島第一原発の立地場所である。**台地・丘陵地は、地震や水害に強く、場所の選定としては、妥当**である。ところが、あろうことか東京電力は、原子炉を冷やす海水の取り入れやすさという経済効率を考慮し、地表から25mも地盤を削って原発を建設したとされている（図表4-8）。

経済効率と防災は大切な両輪であるが、経済効率を必要以上に重視する経済学者や評論家が多いのは困ったものである。**何より大切なのは、人命**である。

図表4-6

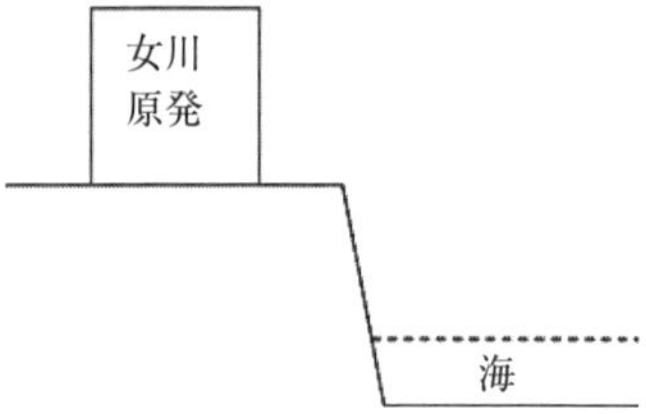

図表4-7

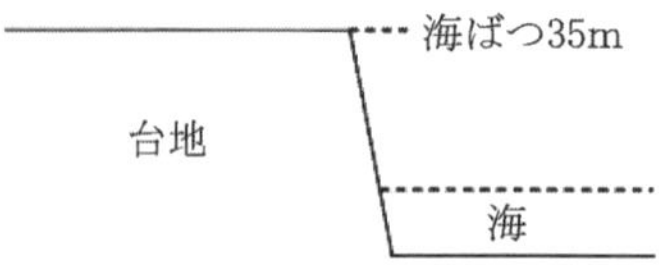

図表4-8

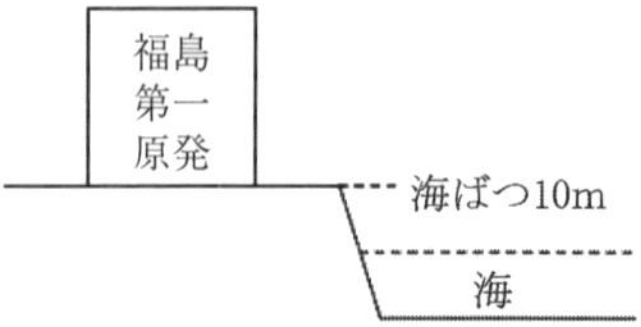

6．津波のシステム

津波（tidal wave）とは、海底で大きな地震が発生し、その断層運動による海底の動きが波として伝わるものである。**水深の深い所では、波の高さは小さいが、津波の速度は速い。**逆に、**水深が浅い所では、速度は遅くなるが、波の高さが大きくなる**（図表4－9～11参照）[注4]。

図表4－9

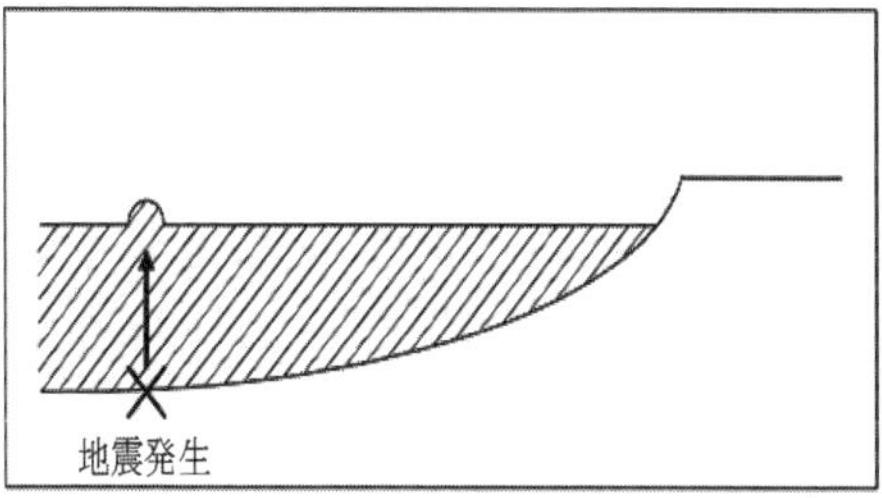

図表4－10

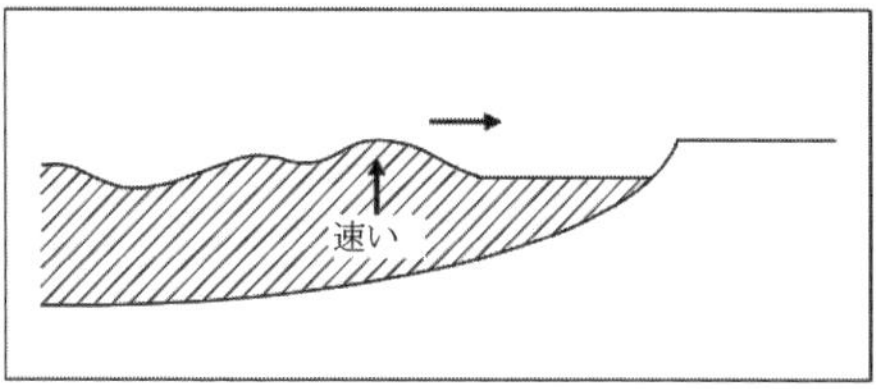

図表4－11

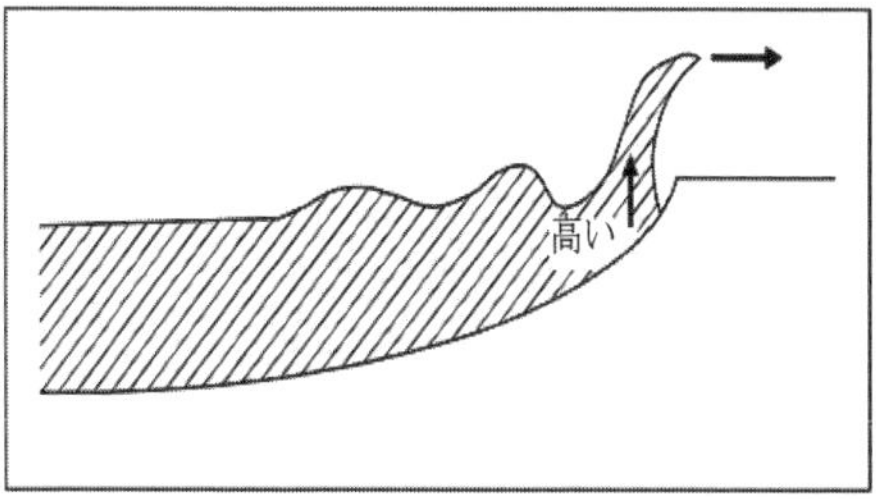

（注）陸地に接近するにつれ，巨大化するのである。

7. 液状化現象

液状化現象とは、地震の揺れによって、それまで固まっていた地盤が一時的に液体のようにドロドロになるもので、1964年の**新潟地震**で大きな注目を集め、以後、阪神大震災（1995年）、鳥取県西部地震（2000年）、芸予地震（2001年）でも発生した。東日本大震災では、東北地方はもちろん、市域の70％以上が埋立地である浦安市でも大きな被害があった。

ゆるくつまっていて隙間が多く、隙間に地下水がある砂層（図表4-12）が、強い揺れで砂粒子間の支え合いがはずれ、砂は水中に浮いた状態になる（図表4-13）。そして、水や細かい砂が地上に噴出して、**地盤沈下**が発生する。その結果、重い建築物は沈下し、軽いマンホール等は地表に浮き上がるのである（図表4-14）。

液状化しやすい場所は、埋立地、川や湖の近くであるが、埼玉県久喜市のような**内陸部でも、水田・沼地・谷を埋め立てた場所**で発生している。

一度、液状化した地盤では、地震のたびに繰り返し発生する**再液状化**も心配である。

図表4-12　通常時

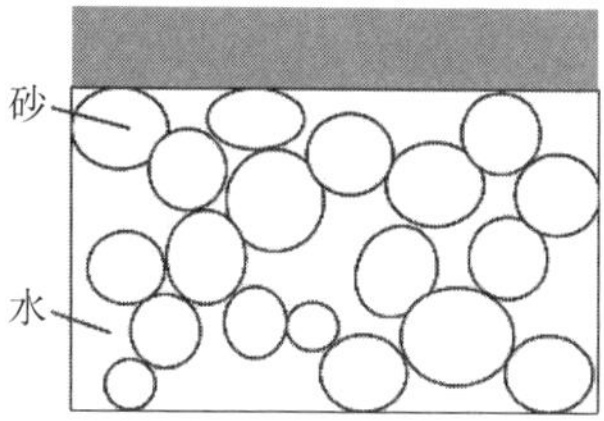

図表4-13　地震時

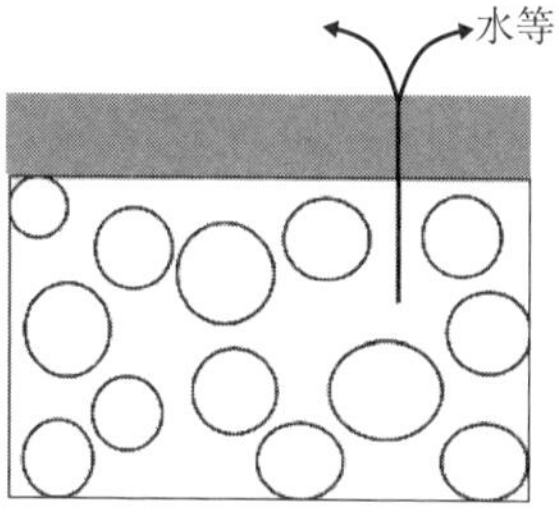

図表4-14　地震後

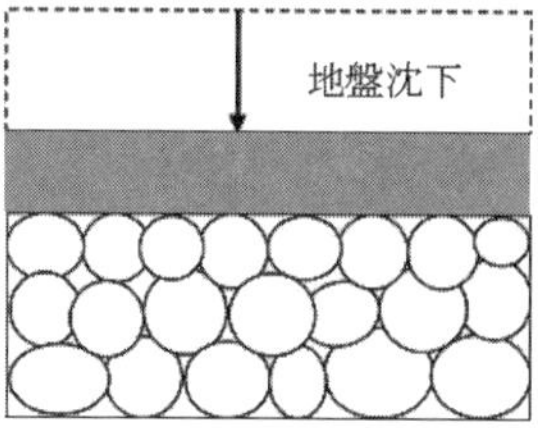

8. 歴史に学ぶ

遺跡や地層を調べることで、地震の内容がわかる。また、古文書や遺跡を調べることで、先人の知恵を学び、復興や減災に役立てていくこと等を目的とするのが、**地震考古学**である。

8世紀初頭の『**日本書紀**』に、「是の月に、大きに地動く」という記述がある。(注5) こういう記述を考察することで、過去を学ぶのである。

(1) 平清盛の都市計画

松島湾には大小約230の島がある。もちろん、これらの島は、津波の被害を大きく受けたのであるが、湾の奥の町は、周辺の地域と比較し、被害が小さかったと言われている。島々によって、津波の威力が軽減された可能性がある。過去に、人工島をつくることにより、津波や風の被害を軽減した人物がいる。**平清盛**（1118〜1181）である。清盛は、1170年に大輪田泊―宋間の貿易をスタートさせたとされている。この港は、水深が深い良港であるが、南東からの風が強いため、清盛は経ヶ島という人工島を造成して**防波堤**とする工事を始め、清盛の死後は、東大寺の**重源**（1121〜1206）が承継して完成したとされている。

(2) 方丈記の災害

鴨長明（1155〜1216）が左記のような文章を記している。

「山は崩れて、河を埋み、海は傾きて、陸地をひたせり。土さけて水わきいで、嶽われて谷まろびいる(注6)」と。

長明の生きた時代を考えると、これは1185年に、京都から近江にかけて発生した**文治地震**であり、当時、京都の山科に住んでいたとされているので、山とは大文字山、河とは鴨川・宇治川・山科川、海とは琵琶湖であろうか。地震発生の3カ月前、平家が壇ノ浦で滅亡していたため、「平家一門が怨霊となり、地震を引き起こしたのでは」と京の人々は怯えたという。

（3）秀吉から家康への政権交代

豊臣秀吉（１５３６〜１５９８）ほど、**防災・災害復興事業**を行った人物もいないのではないか。秀吉は晩年、隠居先として伏見城を築造。１５９３年、京都所司代に次のような手紙を書いている。

「ふしみのふしんなまつ（ナマズ）大事にて候」。

地震に対する政策が重要という意味であろうか。

また、秀吉は、１５９５年6月の淀川大洪水について、おいの秀次に、「堤が切れてなくなった」と手紙を送っている。翌１５９６年に、毛利・小早川・吉川等諸大名に命じ、伏見―大坂城の淀川沿い約27キロに**「文禄堤」**を築造させた。この堤によって川筋は安定し、それまでに２００回以上も氾濫した淀川の水運が繁栄した。さらに、堤の上に「京街道」をつくり、陸運も向上。現代の国道1号や**スーパー堤防**も、この文禄堤が基礎である。

秀吉は、１５８５年に天正大地震を経験し、さらに１５９６年に、**慶長伏見地震**が発生し、伏見城の天守閣が崩落した。秀吉の人生は、災害との戦いでもあった。これら2つの大地震によって、豊臣政権のパワーダウンが始まり、家康に屈したのではないか。

（4）稲むらの火

1854年（安政元年）に発生した**安政南海地震**の際、紀州広村（現和歌山県広川町）の**濱口梧陵**（1820～1885）が、津波から村人を救うため、丘にある稲の束に火をつけ、村人を丘に集め、命を助けたという話が**「稲むらの火」**である。古文書を見ると、

「長いゆったりとしたゆれ方と、うなるやうな地鳴り……」(注7)

とあるので、この地震は、**長周期地震**と考えられ、東日本大震災と類似している。さらに、「二度三度、村の上を海は進み又退いた」(注7)とある。これは、**津波というものは、くり返し襲ってくる**ことを意味している。一度、水が引いたからといって安心できない。

東日本大震災でも、地震発生から約1分で第1波が海岸沿いに届き、約30分後に巨大波が到来したとされている。

梧陵は、その後、私財を投じて、広村に4年がかりで**防潮堤**を造った（図表4-15）。1946年の昭和南海地震では、4mの津波が発生したが、大きな被害は生じなかったとされている。

2015年に開山1200年目を迎えた**高野山**は、自然災害に強いことで知られ、災害時に救助隊の拠点となってきた。

図表4-15

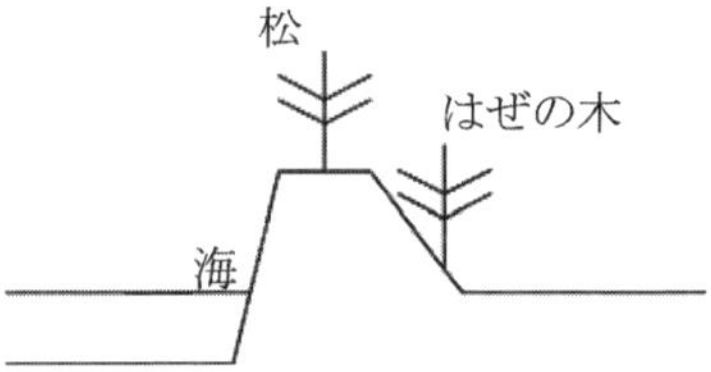

（5）巨大河川木曽川の伝説

安政南海地震での尾張国全域の寺院の被害状況（注8）をチェックすると、興味深いことがわかる。木曽川のすぐ近くの寺院では大きな被害を受けたところが少なく、少し離れた木曽川の**後背低地（湿地）**にある寺院で大きな被害が出たのである。

私は、**「大きな川に近いほど地盤が軟弱で、遠いほど地盤が強固で被害が少ない」**と考えていた。しかし、そうではないことが多いのである。

木曽川は、長野県木曽郡木祖村の鉢盛山（2、446m）南方を水源とし、大雨のたび御嶽山や木曽駒ヶ岳から砂礫・泥・粘土を運んできた。そして、しばしば洪水を起こした。**重い砂礫は、本流近くに堆積して、自然堤防という小高い土地を形成した。軽い泥・粘土は、さらに遠くへ運ばれ、自然堤防の背後に堆積して、後背低地（湿地）を形成した。**前者は、重みで押し固められ、水はけもよく、比較的強固で宅地に向くことが多い。後者は、軽くふわふわ堆積し、地盤が軟弱で地震に弱いのである。

図表 4 –16

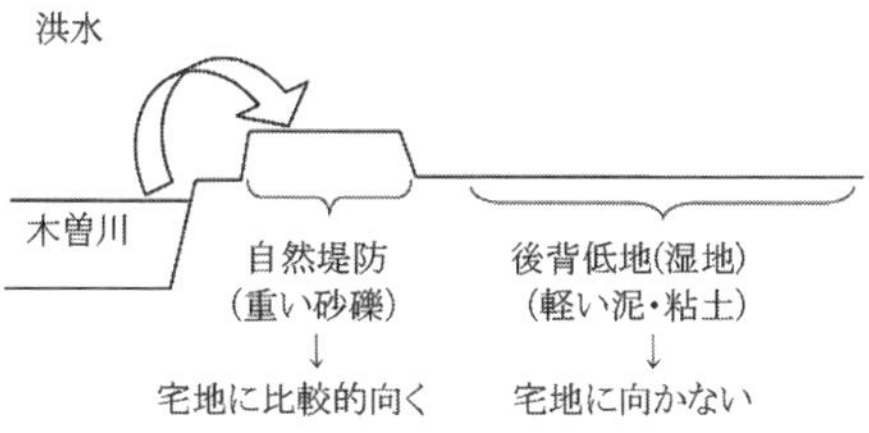

(6) 富士山の噴火

２０１３年6月22日、三保松原も含めた富士山が「**世界文化遺産**」に登録されることが、カンボジアで行われた**国連教育科学文化機関（ユネスコ）**の会議で決定された。富士山は、約３，２００年前に現在の形となり、過去、約１００回噴火している。１７０７年の**宝永噴火**を最後に、静けさを保っている。もし、今、噴火したらどうなるか。溶岩は東海道新幹線まで流れ、火山灰は房総半島東側の太平洋まで届き、１，０００万人以上の人が呼吸器系の健康被害を受ける。また、飛行機やコンピューターがしばらく使えないことが予想される。

１９７９年に**死火山とみなされていた御嶽山が水蒸気爆発**を起こし、これを機に、死火山・休火山・活火山という火山の分類はなされなくなった。御嶽山は２０１４年に再び爆発を起こし、63名の死者を出した。

9. 避難タワー

ビルがない沿岸部で、住民の命を守る津波避難タワーの建築が増加している（図表4-17)。南海地震に備えてのものであるが、建築基準法上の基準があいまいである。**建築物なのか工作物なのか**、地方公共団体の判断に委ねられている。

図表4－17

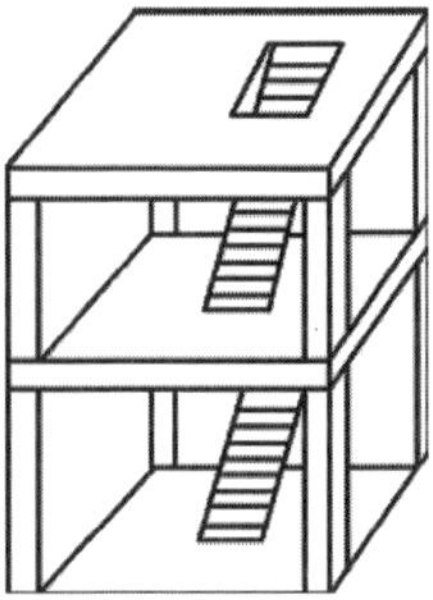

N社（東京都）が仙台市に建築したタワーは工作物と認定され、大阪府高石市に建築したタワーは建築物と認定された。前者と認定されると、建築基準法上の規制が緩く、工事期間を短縮できるが、安全性に不安が残る。国が早急にガイドラインを示すべきであろう。２０１３年10月、静岡県吉田町の公道上に設置されたタワーは、平時には道路法に基づき、歩道橋として使われている。

10．大地震と建築関連法規の改正歴

図表４－18

年	地　震　・　改　正
1891年	濃尾地震
1919年	市街地建築物法（市建法）制定
1923年	関東大震災
1924年	市建法改正
1943年	鳥取地震
1944年	東南海地震
1946年	昭和南海地震
1948年	福井地震
1950年	**建築基準法制定**，市建法廃止
1964年	新潟地震
1968年	十勝沖地震，都市計画法制定
1971年	建築基準法改正
1978年	**宮城県沖地震**
1981年	**建築基準法大改正**
1995年	阪神大震災，耐震改修法制定
2000年	建築基準法改正
2005年	〃
2006年	〃
2011年	東日本大震災

大地震・大災害が発生する都度、それを教訓として、各種の不動産に関する行政法規が改正、または新法が生まれてきた。

1891年の**濃尾地震**により、**耐震構造への本格的な調査研究**がスタートした。1948年の**福井地震**により耐震壁の有効性の確認がされ、建築基準法が2年後にスタートした。1968年の**十勝沖地震**では、新しい鉄筋コンクリート造の建築物に大きな被害が出たため、建築基準法が強化された。しかしながら、1978年の**宮城県沖地震**で再び大きな被害が出たため、1981年、**建築基準法が大改正**され、**新耐震基準**が導入された。1995年の阪神大震災では、新耐震基準による建築物の被害が少なく、大改正の効果が証明された。

私個人としては、首都直下地震・南海地震とともに、福井地震を恐れている。1948年の福井地震は、マグニチュード7・1ながら3、800人余の死者が出た。**人口比でいえば、日本史上最大級の死者**を生んでいる。もし今、発生したら、原発が大きな被害を受け、琵琶湖は汚染され、関西は壊滅するかもしれない。

11. 大都市の問題点と被災地神戸の取り組み

地下鉄は、大地震が発生し津波が押し寄せてくれば逃げ場のない密室状態となる。東京・横浜・名古屋・大阪等の大都市の地下鉄では、津波被害を規定したマニュアルは、少ない。

元禄大地震（1703年）では、相模湾沿岸に高さ8〜10m、品川に約2mの津波が到来したとされている。しかも、東京都内の駅所在地の海ばつが5m以下の地下駅は、100近くあるという。

大阪は、もっと安心できない。大阪市は市東部の上町台地を除き、ほとんどが海ばつ5m以下である。もし、南海地震が発生し、津波が到来すれば、**大阪市内の地下鉄はほぼ水没**と言われている。津波は南海地震発生より約2時間で大阪に到来すると予想されるが、今現在の状況では、2時間での脱出は、場所によっては困難となることが予想される。

大阪府は、2013年6月6日、マグニチュード9級の南海地震が発生した場合、津波による浸水被害が府内で最大9、394haに上ると、発表した。これによると、大阪市の4分の1が浸水する。そもそも大阪駅周辺は、昭和30年代まで運河で、地盤がゆるく地下水位が高い。地下街が心配である。御堂筋の東側は、耐震性の乏しい木造建築物が集中している。**「西は浸水、東は大火災」**という最悪のケースを想定して防災計画を立てるべきである。

防潮堤建設

大阪と異なり、神戸は市内のほとんどが高台か山である。そのため、他の大都市と比較し津波には強いのであるが、神戸市営地下鉄海岸線がやや心配である。ただ、津波が一番早く到達すると言われている和田岬駅は、地下駅にもかかわらず出入口が2階にもある。**津波が到来すると、1F出入口は防水扉でふさぎ、2階より乗客を避難させる**のだという。

ホテルオークラ神戸、神戸ポートピアホテル、神戸メリケンパークオリエンタルホテル等が、相次いで防災マニュアルの見直しに乗り出した。行政サイドからは、「津波の際には、ホテルに〝避難ビル〟の役割を果たしてほしい」という要請があるという。ホテル側の積極的な対応により、観光客の皆さんが安心でき、神戸のさらなる人気上昇が達成できる。

また、神戸では、**防波堤**や水害時の**配水路**を三宮・元町の湾岸エリアに造成された（前頁の写真の左下部分に**防潮堤**が作られた）。被災地神戸の都市計画が災害復興の1つのモデルとなるであろう。

図表4-19は、他の市町村から神戸市へ通勤する者の人数である。

図表4-19（注9）

明石市	39,371人
西宮市	21,965人
加古川市	15,286人
尼崎市	8,887人
芦屋市	8,773人
三木市	8,612人
姫路市	6,485人
宝塚市	5,339人
三田市	5,059人
高砂市	3,212人
伊丹市	3,030人
その他の市町村	44,359人

いかに多いことか。神戸市が災害によって大きな被害を受ければ、通勤者への影響は、他の市町村まで及ぶ。東京や大阪だと、これの数倍以上の影響となろう。大都市の防災対策が重要であることが理解できる。

２０１３年４月13日午前５時33分、**淡

路島地震（マグニチュード6.3）が発生した。私は、すでに起床していて、夜明前の海をバルコニーから撮影しようとしていたところであった。NHK神戸放送局からの揺れる神戸の街並みが何度も放送され（その映像の中に、私のマンションがバッチリ映っていた）、私の携帯には、「生きているか⁉」という愛情こもったメールがいっぱい届いた。

12. 南海地震

２０１６年4月1日、震度5の**三重県沖地震**が発生した。私の実家は、この地震により屋根が被害を受けた。ただ写真のように、**筋交い**（写真下の斜めの骨組）と**はり**（斜めの骨組の上の水平の骨組）のおかげで、被害が最小限になったことは事実である。

今回の被害で、**屋根裏部屋にあったと推定される家系図等の古文書**が出てきた。それによると、相川家は大坂夏の陣（１６１５年）で豊臣方の家来（武将）として戦ったが敗れた後、安威川《あいかわ》の河岸（現大阪府茨木市）で材木商として栄えたのであるが、その後１８００年頃、紀伊（和歌山）に移り、地元の**海蔵禅寺**の過去帳に名前が記録されている。これに

よると、安政南海地震・昭和南海地震ともに、相川家から死者は出ていないことが判明した（ただ、1889年に、相川岩（15歳・女性）が明治大水害で流死している）。また、古文書には、博物・生物・民俗学者の**南方熊楠先生**（1867～1941）のお宅（私の実家の近所である）で、私の曾祖母たけ（1872～1957）が食事等でお世話になった旨が記されているが、2人とも南海地震の合間の時代の人なので、大地震は経験していない。

この4月1日の地震は、**南海地震への警鐘**とすべきであろう。

図表4-20　記録に残っている南海地震

発生年	地震名	当時の出来事
684年	白鳳地震	大化の改新（645年）
887年	仁和地震	
1096年	永長東海地震	
1099年	康和南海地震	
1361年	正平東南海地震	建武の新政（1334年～）
1498年	明応東海地震	応仁の乱（1467年～）
1605年	慶長地震	関ヶ原の戦い（1600年）
1707年	宝永地震	享保の改革（1716年～）
1854年	安政東南海地震	大政奉還（1867年）
1944年	昭和東南海地震	
1946年	昭和南海地震	日本国憲法公布（1946年）

13. コンパクトシティ

コンパクトシティ（compact city）という発想がある。これは、「住まい、職場、学校、病院、遊び場などさまざまな「機能」を、都市の中心部にコンパクトに集めることで、自動車に頼らず、歩いて生活することのできるまち（注10）」のことである。

わが国の高齢化は急ピッチで進み、２０２５年には65歳以上の老人人口が約３割となる。スーパーや病院が近くになくて、買物や治療ができない人々が増加している。また、人口減少・不況により、郊外の鉄道等の交通インフラの廃止も増加するであろう。**「住民をどこかに集約して、生活インフラを整えることが今後の最重要業務」**とは、ある大都市職員の弁。これらを解決してくれるのが、コンパクトシティなのである。これにより節電・時間のムダを省く・郊外開発減少による自然破壊減少を達成することができる。ただ、画一的な街をつくってしまうという弊害がある。そのため、その地域の歴史・文化を生かした手法が求められるであろう。

図表４-21

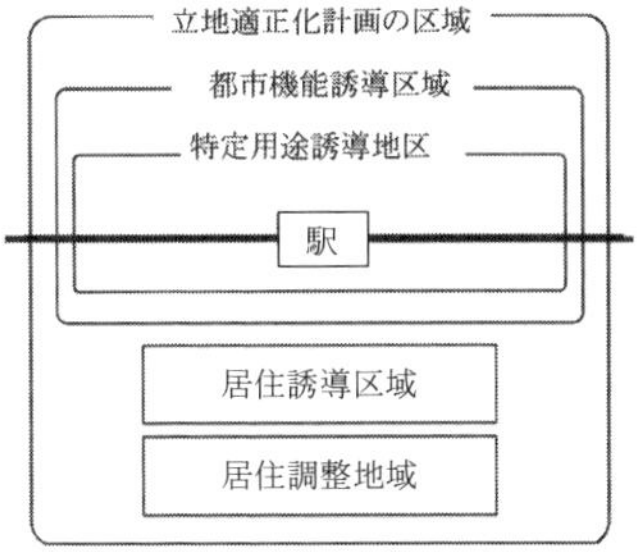

国土交通省は、２０１４年7月に**「国土のグランドデザイ**

ン2050」を発表した。その中で、**現在は人が住んでいる地域の6割以上で、人口が半数以下となり、2割は無人になる**という。対策として、①地方都市でコンパクトシティ化を進める。②過疎地では、生活に必要な施設を徒歩圏内に集めた小さな拠点（コンビニ等）を、全国5、000カ所前後つくるとした。

さらに、同年8月に施行された改正都市再生特別措置法で、コンパクトシティを進める市町村は、**立地適正化計画**を作成し、居住を促す**居住誘導区域**、病院や商業施設等を集める**都市機能誘導区域**を設定する。また、住宅建設を抑制する**居住調整地域**を定めることもできる（図表4－21）。居住誘導区域では、容積率の緩和等が予定されるため地価は維持されるが、**居住調整地域では地価が暴落する**可能性がある。2015年4月現在、54都市が立地適正化計画の策定を進めていたが、2020年12月31日現在は559市町村が具体的な取り組みを行っている。ただ、住民の反発にどう対処するかが課題と言われている。

14．うさぎ小屋

住宅には二面性がある。1つ目は**住宅サービス（フロー）**、2つ目は**資産（ストック）**である。前者の価値が家賃、後者の価値

図表4－22　一住宅当たり延面積（注11）

年	㎡
1968年	73.9
1998年	92.4
2008年	94.1
2018年	79.9

が価格である。わが国の住宅は、長らく「うさぎ小屋」と言われており、図表4－22のごとく21世紀初頭をピークに狭くなりつつある。

15. 宅地造成

宅地造成の代表例は、図表4－24のような山の斜面を切土によって削り、盛土によって平らな面を広くしてなされる。仙台市の南光台団地と鶴ケ谷団地の調査(注12)によると、盛土上の家屋の全壊割合は、切土上の家屋の約26倍だったという。

図表4－23

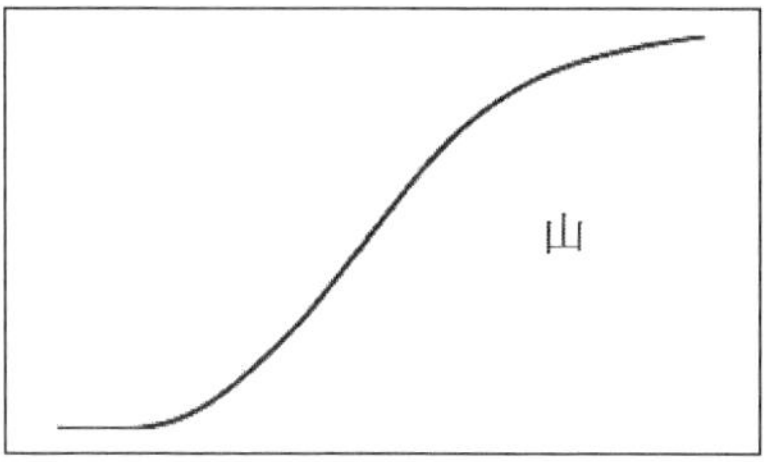

図表4－24

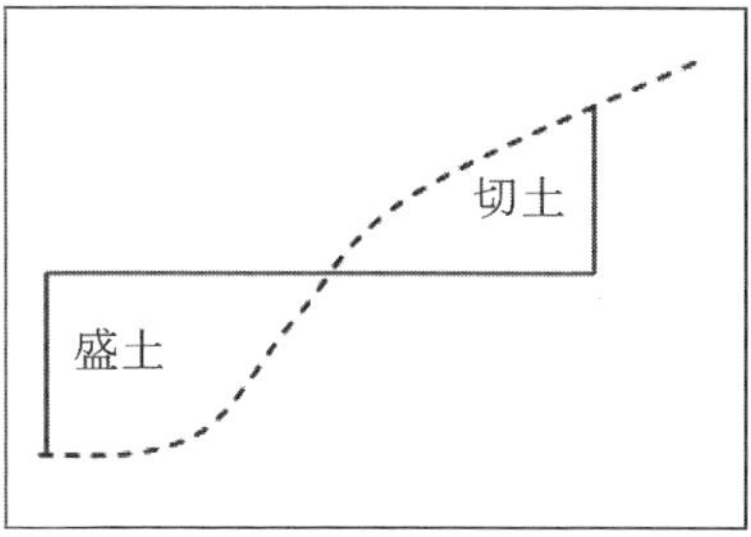

　これは何を意味するかというと、**切土は地盤がかたく、盛土は軟らかい**、ということである。したがって、造成された土地上の住宅を買う際には、その土地が切土なのか、盛土なのかを十分にチェックすべきである。それには、宅地造成の前と後の2種類の地図で等高線の変化を考察する

のがよいと思われる。

また、**切土と盛土とにまたがる土地に建てられた住宅は最悪**である。盛土部分だけ地盤沈下するため、傾く可能性がある。

16. 災害復興と国債

被災地の復興のために政府は増税をしているが、私は国債（建設国債）のほうがよいのではないかと考える。**家計・企業・政府を3つの経済主体**という。経済とは、この**3つの間でお金が回ること**と言える。政府は税金だけではお金が足りないとき、国債を発行してお金を借りる。日本国政府が国債という商品を企業等に売るのである。よくマスコミの報道では「日本の借金は○○兆円だから、国民一人当たり約○万円です」と言うが、まちがい。家計や企業が国（政府）に金を貸しているのであって、**国民が借金しているのではない**。

17. 行政側へのお願い

東日本大震災では、地盤沈下および液状化現象が、東北から関東にかけて太平洋沿岸部を中心として広く発生した。住宅被害に遭われた方々が多い。現行の宅地建物取引業法では、地盤に関しての調査告知義務はない。また、宅地建物取引業者には、地盤改良義務はなく、液状化が発生しても宅地建物取引業者の責任とはならない。

そこで、左記のような対策が重要となるのではないだろうか。

（1）建築基準法・宅地造成等規制法等の規制強化

地盤の軟弱な地域に関して、地盤改良等の措置を義務づける等。

（2）宅地建物取引業法第35条の重要事項の追加

地盤が軟弱な地域に関して、軟弱である旨を説明する等。たとえば、台地・丘陵地は、一般的に地震に強いのであるが、図4-25のように、台地上の谷が盛土された部分は弱い。しかし、一般人にはわからない。

図表4-25

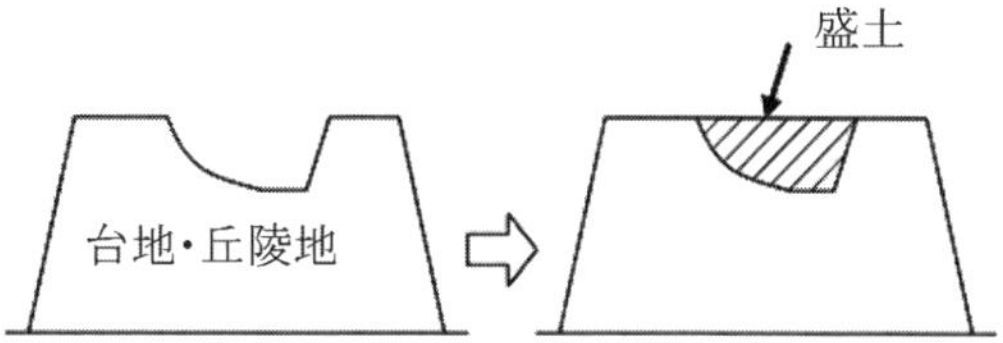

（3）住宅の品質確保の促進等に関する法律の強化

同法第5条の住宅性能評価の記載事項に「地盤の品質等」を追加する。

（4）学校・病院の耐震化

文部科学省の調査では、公立学校の耐震化率は、99・2％（2019年時点）。厚生労働省の調査では、一般病院の耐震化率は74・5％（2019年時点）。これらの耐震化率を高めることは、経済効果があるだけでなく、人命を守ることにつながるのである。

（5）防災教育の促進

わが国の学校教育は、防災教育が少ない。私のように何度も災害を経験し、このような講義を受けると、過去の記憶がフラッシュバックして恐くなるが、やはり重要と感じる。

（6）安易な地名変更はしない

2014年8月に77名の死者を出した広島土砂災害では、広島市安佐南区の八木地区はもともと**「八木蛇落《じゃらく》地《じ》悪谷《あしだに》」**と呼ばれていた。「水が蛇のように流れ落ちる谷」という先人の警告である。地名変更により、その伝説が忘れ去られたのである。

広島市では、1999年にも死者24名を出す土砂災害が発生している。それが契機となり、2000年に**土砂災害警戒区域等における土砂災害防止対策の推進に関する法律**が制定された。すなわち、**土砂災害警戒区域**（イエロー・ゾーン）および**土砂災害特別警戒区域**（レッ

ド・ゾーン）を指定して、対策をするというものである。しかしながら、それらの区域に指定すると地価が下がる等との観点から指定されなかったのである。そして、２０１８年7月の西日本豪雨では、広島県で１００名以上が死亡した。教訓が生かされていないのが残念である。

日本の歴史は、「災害とそれからの復興の歴史」である。過去を学び、皆で防災知識を共有し、未来に向かって、前向きに進んでいきたいものである。

なお、上の写真は、２０１６年4月14日（熊本地震本震の2日前）に大阪にあらわれた雲である。左側が1級河川安威川、右側の時計台が大阪学院大学である。川辺でたたずんでいたご婦人2人の会話である。「あの雲、朝から出ていて、消えへん。地震雲かな？　60年前の福井地震の前もあんな雲が出たような気がするのじゃ」「地震がこなければいいが…」。はたして、これは地震雲であろうか。

18．さいごに

私は、阪神大震災で被災し、一時ポートタワー近くでホームレスを経験し、海で魚を釣っ

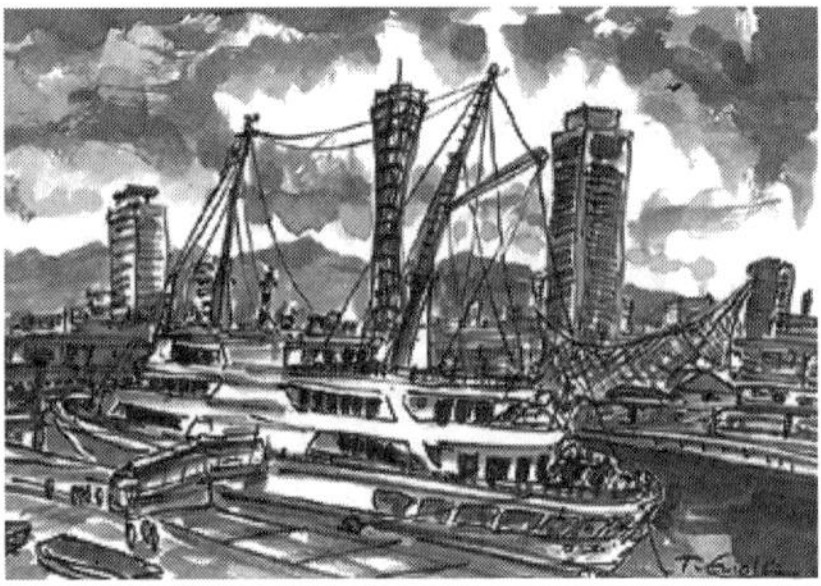

「新たな出会い」神戸港・榎木孝明画
©Enoki Takaaki 2011

て何とか生き延びた。そして、約15年がんばってマンションを買うことができた。

上の絵は、榎木孝明さんが描かれた水彩画である。

左端が私の自宅マンションである。まさに、私の人生のドン底とそこからはい上がってきた場所が一緒になった絵である。

私は、この絵に運命的に出会い、原画を購入することができた。この絵を見るたびにパワーをもらう。周囲の方々に感謝しつつ、災害で得た経験を生かしていきたいと思う。

注

（注1）地震には、「地震の名前」及び「地震被害の名前」がある。1995年1月17日の地震の名前は、「兵庫県南部地震」であり、地震被害の名前として、「阪神淡路大震災」または「阪神大震災」と言われる。同様に、1923年9月1日の地震の名前は「関東地震」、地震被害の名前は「関東大震災」と言われている。

（注2）京都大学防災研究所巨大災害研究センター・関西大学社会安全学部・社会安全研究科主催、日本自然災害学会・地域安全学会・日本災害情報学会後援によるもので、「みんなで防災の知恵を共有する」こと等をコンセプトとしている。

（注3）2006年1月1日を基準に算出されている。

（注4）津波の速度は、$\sqrt{9.8\times\text{水深}(\text{m})}$（毎秒）で算出できる。
（注5）『日本書紀』（天武4年（675年）11月条）による。
（注6）『方丈記』鴨長明著（1212年）の九より。
（注7）『小學國語讀本（尋常科用）・巻十』（文部省）による。
（注8）幕末の「青窓紀聞」に掲載されている。
（注9）2005年『国勢調査』による。
（注10）青森市ホームページによる。
（注11）総務省統計局「住宅・土地統計調査」により相川が作成した。
（注12）東北大学・森友宏助教等の調査による。

※本章は、『大阪學院大學通信　2017年 第48巻 第2号』に寄稿したものを加筆修正したものである。

〈建物の構造〉

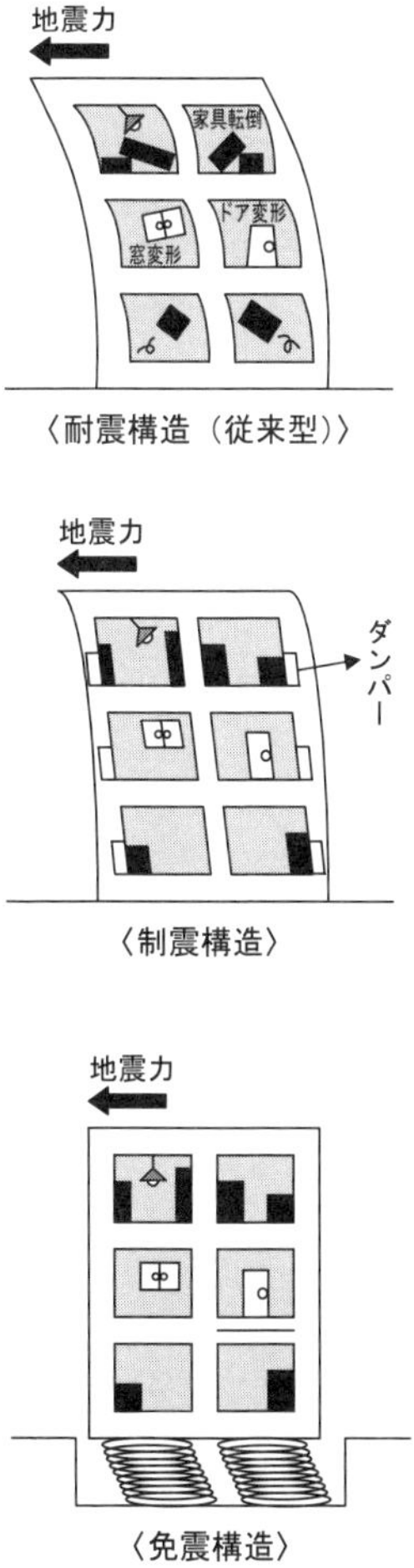

第5章　都市と土地制度の変遷

1．土地制度の源流

都市を語るうえで歴史は外せないが、私は645年の**乙巳《いっし》の変《へん》**を起点に考える。狩猟民族として移動していた時代が終わり、稲作が始まり農耕民族として定住するようになると、**立地条件の良い土地を巡る争い**が始まった。その戦《いくさ》に勝った者は**豪族**となり、**大和朝廷**が形成された。当時、政権内では**蘇我氏**が勢力を伸ばし、**馬子**の子・**蝦夷**が大臣となり、その子・**入鹿**は、対立した山背大兄王（聖徳太子の子）を滅ぼした。蘇我氏の専制に反発した**中臣鎌足**は、日本を唐にならい律令に基づく中央集権国家にすることを目標に、**中大兄皇子**（のちの天智天皇）と図り、蝦夷・入鹿を滅ぼしたのである。さらに、**初めての元号「大化」**が定められた。

翌646年、**孝徳天皇**により、**「改新の詔」**が発せられた。これは、左記の**4カ条からな**

る政治方針である。私がこの内容を知ったのは、駿台時代に、『詳説日本史』（山川出版社）を読んだ時であり、興味を持ったため、大学受験の範囲を超えて岡崎公園内の京都府立図書館で調べたのである（そういうよけいな勉強をするから、受験に失敗するのだが…）。これこそが、**現代の不動産学の源流**と考える。

（1）**租庸調の税制**

租は**田畑**（**口分田**）の収穫の3％、庸は都での労役、調は絹等の特産品を収めさせた（**税制の開始**）。

（2）**班田収授法**（実際に施行されたのは、701年と推定される）

6歳以上の男女に口分田を与え、亡くなると回収した（**賃貸借の開始**）。

（3）**国郡里制**

国・郡・里を設置し、都への交通網整備をした（**行政区域の明確化**）。

（4）**公地公民制**

土地はすべて天皇のものとした（**土地所有権の廃止**）。

以上の諸改革を、**大化の改新**という。

2. 国有地から私有地へ

班田収授法によって農地の**貸借**がスタートしたが、過酷な農作業と高い税金で、農民は「こんなキツイ仕事、やってられへん！」と言って、土地を放り出して夜逃げする者が続出した。そこで、朝廷は、「ヤバイなあ、ほな、**貸借ではなく期限付き土地所有権**を与えよう」と、723年に**三世一身法**を施行した。新たに山林等を開墾した者は、**親⬇子⬇孫の3代に渡ってその土地の私有を認める**もので、当初は「ヤッター！」と喜んでいた農民も、子の代になると徐々に労働意欲を無くし土地は荒れていった。そこで、朝廷は、743年、**墾田永年私財法**を施行した。「今度の法律は**期限付き土地所有権ではなく、無期限の土地所有権**やで。これで、文句ないやろ」という趣旨であった。新たに開墾した土地は永久私有を認めるものである。面積要件等があり朝廷の許可が必要であったが、あまりの太っ腹に財力のある寺社や貴族が開墾に参入した。彼らは開墾した土地を私有したため、**公有地が減少し民有地が増加**した（**口分田から荘園へ**）。

荘園制度が発達すると、中央で権力を持てない貴族や豪族は地方で新田開発等を行い、自分の土地を守るために**武装**していった。その代表例が、**清和源氏**と**桓武平氏**である。

1185年、**源頼朝**が開いた鎌倉幕府は、地方に**守護**および**地頭**を設置した。守護は国ごとに置かれ、軍事・警察等の治安維持をした。地頭は荘園や公領ごとに置かれ、**土地の管理・年貢の取立て**（現代の税金の徴収のようなもの）等をした。**荘園**とは、貴族や寺社が所有する朝廷から独立した私有地である。すなわち、幕府としては、本来手が出せない土地であるが、年貢を強引に取るために地頭が設置された（義経を捕獲する目的もあったとされている）。他方、**公領**とは、朝廷の支配地のことで、現代でいう公有地である。地頭は平安時代には存在したとされ、**「不動産管理業」の先駆け**である。地頭は厳しい年貢の取立てをする者が多く、**「泣く子と地頭には勝てぬ」**（道理の通じない相手には従うしかない）と言われた。

3. 豊臣秀吉

豊臣秀吉（1537〜1598）は、1588年に**太閤検地**を行い、生産力を把握しそれを石高で表示し年貢を決定した。これにより、**荘園制度は終了**したとされている。

検地によって、田畑の面積・収穫量を調査し、権利関係調整、年貢の量を定める。検地以前の土地制度は、寺社や貴族が所有する私有地（**荘園**）と国が所有する**国領**の2本立てであった。荘園は、原始取得者に加え、守護・地頭の介入、その後の武士の台頭により1つの土地に複数の所有者が存在するという事態が発生した。そこで、秀吉は、**「一土地・一所有者（耕作者）の原則」**を実行したのである。これにより、農民は安心して耕作に励むことができた。**検地帳**に、耕地面積・収穫高・耕作者名を記入し、年貢を決定した（検地帳は、現代の**固定資産課税台帳**の源流と言っても過言ではない）。その際、**秀吉は、単位を全国統一**した。たとえば、**1尺が30・3cm**とか、**1間は6尺3寸**とか、である。現代の建築基準法が秀吉の発想の影響を受けているのは驚きである。農民出身であるからこそできた改革ではなかろうか。

秀吉は、鴨川等の河川工事により気温上昇を緩和する工夫をし、土地区画整理事業により京都の街並みをそろえ景観向上を図ったとされている。

4．徳川家康

徳川家康（１５４３～１６１６）もこの制度を承継し、税収確保・農地の質低下防止のため、１６４３年に**田畑永代売買**《でんばたえいだいばいばい》**の禁止令**《きんしれい》等を施行し、農民が自由に農地の売買をすることを禁止した。これは、現代の**農地法**（１９５２年施行）につながると私は考えている。また、**田畑勝手作**《でんばたかってづくり》**の禁**《きん》も施行された。

さて、江戸時代には、寛永の大飢饉・享保の大飢饉・天明の大飢饉、そして、１８３３年～１８３９年の天保の大飢饉で、「こんなに長く異常気象が続いたら、あかんわ。税収確保ができへん」と痛感した。税収が安定しないと長期的な予算案を作成できないからである。

5. 廃藩置県と地租改正

さて、1869年に陸奥宗光が『**租税制度改革の建白書**』を提出した。これを契機として1873年の**地租改正**および**地租改正条例**が制定され、1880年には**土地売買譲渡規則**が制定されて、土地の売買が再び可能となった。要するに、税制改革である。

それまでの税制は、大化の改新で成立した「租庸調」の「租」であり、「田租」「貢租」と呼ばれていた。秀吉が太閤検地等の改革をしたものの、1200年以上にわたり根本的な変更はなかったのである。明治政府は、地租改正推進のために、大久保利通を最高責任者に大隈重信、松方正義らを加えた地租改正事務局を設置した。

課税標準を収穫高にした江戸時代以前は、農作物の豊凶や価格変動により、税収が大きく増減する。そこで、**課税標準を、収益力に応じた地価に変更**したのである。これは、現代の**収益還元法**に通じ、**効率性**が高まる。地租改正の目的は、ズバリ**税収の安定による財政難の解消**であった。また、**税率は地方ごとで決定**されていたが、税率軽減を求めて賄賂が横行する悪しき慣行があった。**3％**にすることで、不正を無くす効果があった。さらに、農民だけではなく、商業・工業に従事する者にも課されることとなり、**公平性**が高まった。土地所有者に**地券**を発行して、税金を徴収した。公地公民思想は完全に崩壊し、個人による土地所有が認められた。また、江戸時代からの左記2つの法令の廃止は大きかった。まず、1871年に**田畑勝手作の禁が廃止**された。「米でなくていいから、もっと高く売れる作物を栽培して金儲けをしなさい。その分、税金をたくさん納めてくれたらいいのだ」という発想で**労働生産性の向上**が達成された。さらに、1872年に、**田畑永代売買の禁止令が廃止**された。「金を稼いで税金をたくさん納めてくれるのなら、無理に田畑を所有する必要はないから、土地売買を認めてもええんちゃう」という発想で、**土地の有効活用**が図られた。また、**物納から金納への転換**により、農村へ商品経済が浸透した。かくして、わが国は、**富国強兵**へと舵を切り、近代化へ大きく前進した。なお、1871年に**廃藩置県**がなされた。

しかしながら、増税となったため、1876年、地租の軽減・入会地《いりあいち》の国有化反対を掲げて地租改正反対一揆が三重県・愛知県・**堺県**（現代の大阪府および奈良県）等日本各地で勃発した。そこで、明治政府は、税率を**3%から2・5へ引き下げ**、高額納税者には参政権付与の特権を与えた。1885年に旧不動産登記法、1888年に民法、1921年に借地法・借家法が制定された。

さらに、1945年の**農地改革**により、多くの小作農が自作農となったのである。**GHQ**は、日本が軍国主義となり、第二次世界大戦等の侵略戦争を行った原因は、寄生地主制による農村の窮乏にあると考えていた。寄生地主制では、地主が小作人に田畑を賃貸し高額な小作料を得ることで、貧富の格差が拡大した。

図表５－１　地租改正前と地租改正後

	税額の計算方法	税　率	納付方法	納税義務者
改正前	収穫高（課税標準）× 税率	—	物　納	村単位
改正後	地　価（課税標準）× 税率	3%	金　納	土地所有者

第一次農地改革の失敗の後。１９４６年の第一次**吉田茂**（１８７８～１９６７）内閣で、国が強制的に全農地の約45%（小作地の約80%）を地主から買い上げ、小作人に廉価で売り渡された。さらに、それ以後の農地の売買等は、農地委員会の承認が必要とされた。なお、当時、沖縄や奄美諸島はアメリカ領だったため、農地改革はなされなかった。農地改革の結果、小作地の割合は約45%から10%未満に、自作農の割合は約30%から約60%になった。ただ、地主の中には、小作料収入激減で没落した者が少なくない。

政府は、**「農地は、所有者が耕作する自作農が基本」**と考えた。そして、農地所有者の地位安定と農業生産力増大という農地改革の効果を維持するために、１９５２年、**農地法**を施行した。農地の売買、転用または賃貸借等は、農業委員会等の許可等が必要となった。しかしながら、この農地法の規制により、大規模農家が育たないという弊害があったと考えられる。

なお、昭和時代後半から令和時代までの土地制度の変遷等は、第２章および第３章をお読みいただきたい。

図表5－2　土地制度の変遷（奈良時代～昭和時代前半）

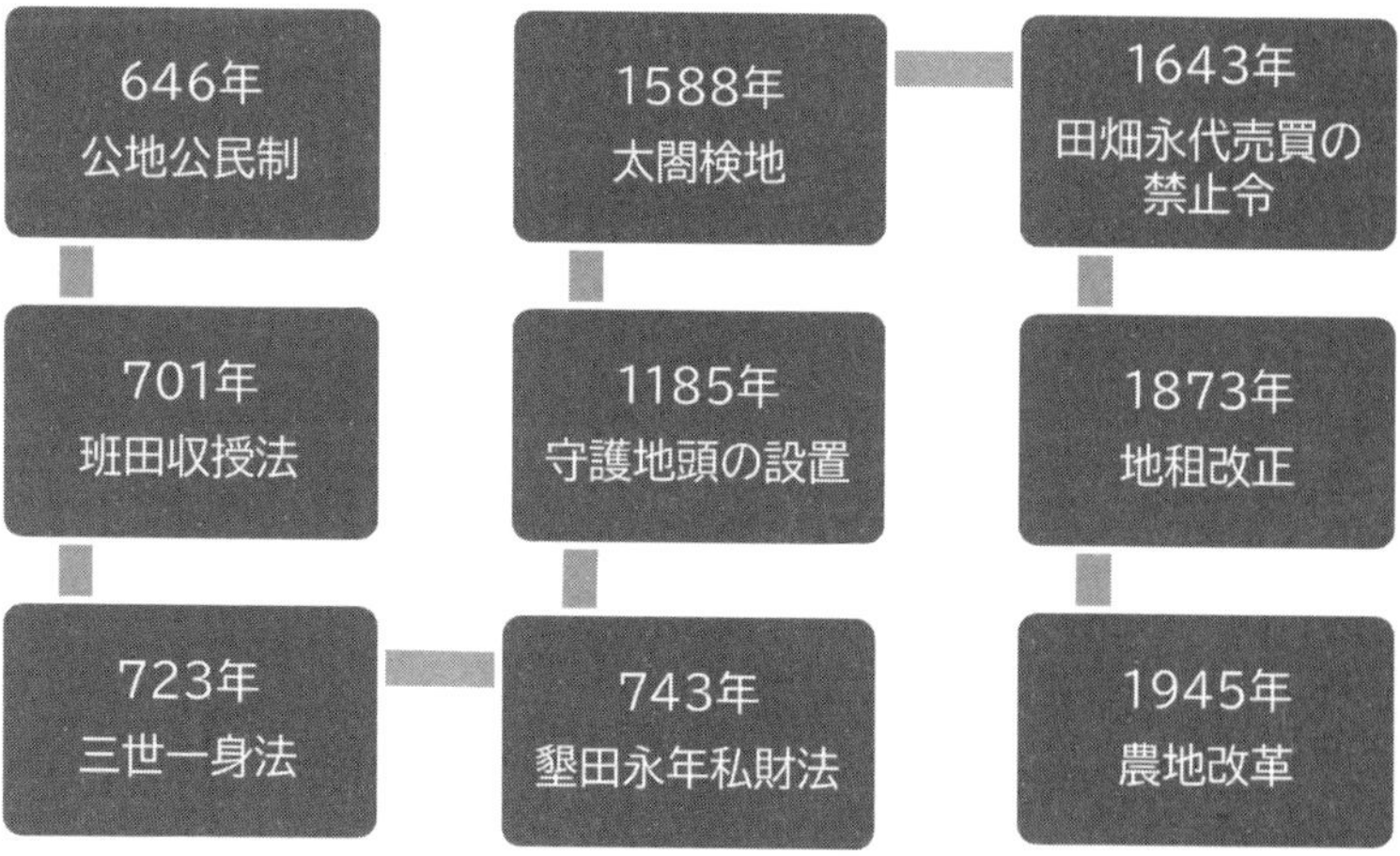

第6章　都市と疫病と経済政策

1. 日本史にみる疫病

日本最古の歴史書である**古事記**は神代〜第33代推古天皇までを記載し、**日本書紀**は第41代持統天皇までを記載している。日本書紀では、遣隋使の派遣、壬申の乱、疫病、または地震等が記載され、実に興味深い。感染症の大流行について記載された日本書紀の編纂が完成されたのが720年（同年8月3日、中臣鎌足の子、藤原不比等が亡くなった）。1300周年の2020年に新型コロナウイルス禍が大流行したのは、奇遇である。日本書紀に続く**続**《しょく》**日本紀**《にほんぎ》には、次のような旨の記述がある。

皇族・**長屋王**は藤原氏の力を抑えようとするが、藤原不比等の子、藤原4兄弟の策謀によって自殺させられた（長屋王の変・729年）。しかしながら、737年大流行した**天然痘**で4人を含め多くの死者が出て、長屋王の呪いと言われた。さらに、藤原広嗣の乱（74

0年）で縁起が悪いと考えたのか、**聖武天皇**（701～756年）は、**平城京（奈良）➡恭仁京（京都）➡紫香楽宮（滋賀）➡難波京（大阪）➡平城京（奈良）と遷都**を繰り返した。

聖武天皇は、「争いや疫病という社会不安を鎮めるには仏教に頼るしかない」と考え、741年に**国分寺建立の詔**、743年に**盧舎那大仏造立の詔**を出した。盧舎那大仏《るしゃなだいぶつ》とは、いわゆる**奈良の大仏さん**で、西日本では修学旅行の定番である。私の小学校の時の修学旅行は豪華で、**日本万国博覧会会場（吹田市）見学➡本能寺（京都市）見学・京極で買い物・本能寺会館でまくら投げ・宿泊➡平安神宮・清水寺（京都市）見学➡東大寺（奈良市）見学➡帰路**、であった。私は信心深いので、寺院仏閣を訪ねると必ず真剣に願い事をお願い申しあげる。東大寺の柱には**穴**があり、**「大仏様に願掛けした後に、この穴をくぐれば、願いが叶いますよ」**とバスガイドのお姉さんが言ったので、建物の出口近くに移動した後に、再び大仏殿の前に戻り、「大きくなったら、本を出版し、できれば大学の先生になれますように！」と願掛けをし、穴をくぐったのである。おかげで、帰りのバスの集合時間に遅れ、担任の先生から大目玉を食ったが。

また、唐の僧侶である**鑑真**（688?～763年）は、聖武天皇の求めに応じ、5回の渡航失敗を乗り越え来日した。**唐招提寺**を活動拠点に医学・建築学・彫刻学を伝え、**東大寺**の戒壇堂で授戒（僧になるための決まりを授けること）を行った。

その後、**平城京➡長岡京➡平安京と遷都**がなされた。これらの都市は内陸の湿地で、初夏〜初秋にかけて高温多湿で疱瘡《ほうそう》（天然痘）、咳病《がいびょう》（風邪・インフルエンザ等）、赤痢、麻疹《ましん》（はしか）等が蔓延し易かった。

世は貞観《じょうがん》の時代、今と同様、病気や災害の多い時代であった。朝廷は、863年（貞観5年）**神泉苑**にて初の御霊会《ごりょうえ》（疫神や死者の怨霊を鎮める祭）を行った。ところが、疫神の怒りに触れたのであろうか、翌864年に**富士山噴火**（貞観大噴火）、5年後の869年に日本史上最大級の巨大地震である**貞観地震**《じょうがん》が陸奥で発生した。社会不安が極限に達したために、同年、当時の全国の国数の66本の鉾《ほこ》を立ててその鉾に諸国の悪霊を移し宿らせることで諸国の罪穢《つみけが》れを祓《はら》い、神輿3基を巡行させる御霊会を執り行った。すなわち、祇園祭の起源は、貞観地震発生の869年というのが多数説である。ただ、現在の長刀鉾《なぎなたぼこ》等による山鉾巡行がいつから開始されたのかは正確な記録は残っていない。

私は、昔、立命館や同志社で講師をしていた頃は、地元の有力者の紹介で祇園のお茶屋さんに行ったものである。舞妓《まいこ》さんや芸妓《げいぎ》さんは、長唄や三味線が上手いだけではなく、日本史や日本文学にも造詣が深く、清少納言・吉田兼好・鴨長明・足利尊氏等の話を共に興じたことも一度や二度ではない。西陣のご長老である呉服屋の旦那さん・芸妓さん・舞妓さん・下宿先の大将（1894年生まれ）とその奥方等からお聞きした貴重な逸話を以下に記した。(注1)

2. 鵺（ぬえ）と怪しからぬ妖怪

1153年（仁平3年）春、京都御所に**鵺**が現れ、近衛天皇が体調を崩された。そこで、当時御所に勤務していた弓矢の達人、**源頼政**(注2)に退治させた。**頭は猿、胴体は狸、手足は虎、尾は蛇という鵺**を都中引き回しにすると、さらに疫病が蔓延したので、遺体を舟に乗せ川に精霊流しをしたところ、大阪都島に流れ着いたという。都島の商店街には、鵺塚が存在する。ただ、平家物語によると、今度は都島で疫病が流行りだしたので、再び遺体を舟に乗せ海に流し漂着したのが兵庫芦屋だという。芦屋の人は祟りを恐れ、鵺塚を造り供養したという。芦屋川ほとりの芦屋公園にも確かに鵺塚があり、石碑には、「ゑぬ」の文字がみえる。

私は、浪人時代、京都駿台予備校に2年間通学

図表6－1　感染症により崩御された天皇(注3)

歴　代	天　皇	西　暦	年　齢	死　因
69代	後朱雀天皇	1045年	29歳	痘瘡
78代	二条天皇	1165年	23歳	赤痢
79代	六条天皇	1168年	13歳	痘瘡
89代	後深草天皇	1259年	62歳	マラリア
96代	後醍醐天皇	1339年	52歳	肺炎
108代	後水尾天皇	1629年	85歳	夏風邪
110代	後光明天皇	1654年	22歳	痘瘡
113代	東山天皇	1709年	35歳	痘瘡
114代	中御門天皇	1735年	37歳	インフルエンザ

したが、２年目は京都御《ご》所《しょ》の２００ｍ南の築１００年超という町屋の２階を**間借り**していた。あれは、１９７８年６月の頃より、毎晩夜中の１時頃になると、下宿の前の東洞院通りを「ガタンゴトン、ヒューヒュー…」という不気味な音を立てて、何者かが通るのである。外を見ようにも、１階・２階とも夜は頑丈な雨戸が閉められており様子をうかがうことができない。翌日、奥方にその旨を話すと、いつもの優しい顔

図表６－２　祇園祭の中止・延期等

西　　暦	中　止・延　期　等
869年	貞観地震（陸奥の国）。祇園祭開始
1153年	京都御所に鵺（ぬえ）が出現。疫病が流行る。
1467～99年	**応仁の乱で中止**
1582年	**本能寺の変**で４カ月延期
1680年	徳川家綱（４代将軍）の死去で延期
1865年	前年の禁門の変により，前祭のみ中止
1879年	コレラで前祭・後祭共に４カ月延期
1886年	コレラで前祭・後祭共に４カ月延期
1887年	コレラで前祭・後祭共に２カ月前倒し
1895年	コレラで前祭・後祭共に３カ月延期
1912年	明治天皇容体悪化で後祭のみ中止
1913年	明治天皇崩御で前祭・後祭共に１カ月延期
1943～46年	**第二次世界大戦で中止**
1962年	**阪急電鉄・四条河原町までの地下延伸工事で中止**
2020年	**新型コロナウイルス禍（COVID －19）で中止**

がみるみる険しくなり、「決して外を覗いてはあかんどすえ」と言った。何の音かと聞くと、**「怪《け》しからぬ妖怪どもが音を立てて御所方面に集まるのじゃ。祭り（祇園祭）が近づくと、妖怪の霊魂《れいこん》が疼《うず》きだしてのう」**と言って、私を凍り付かせた。百鬼夜行《ひゃっきやぎょう》が今も存在するのか。京都は長き歴史故に実に奥が深い都市である。

祇園祭は、日本三大祭りの1つである。延期されたことは多いが、中止されたことはさほど多くない。

図表6-2のように、**全面中止は、応仁の乱、第二次世界大戦、阪急電車の工事および新型コロナウイルス禍だけ**である。織田信長が明智光秀に暗殺された年でさえ中止されず、スペイン風邪の時も、「疫病退散の祭りをやらないでどうする」と挙行されたとは、都人《みやこじん》の心意気に頭が下がる。すなわち、**新型コロナウイルス禍は、応仁の乱級の災い**である。

1846年に製作された瓦版（京都大学所有）には、豊作や疫病等を予言したという**アマビエ**が記載されている。

図表6-3　混雑率ワースト5の比較（注4）

	関　東	混雑率	関　西	混雑率
1位	JR 京浜東北線	200%	阪急神戸線	142%
2位	JR 総武線	199%	阪急宝塚線	139%
3位	東京メトロ東西線	199%	御堂筋線	135%
4位	JR 中央線（快速）	199%	近鉄奈良線	135%
5位	JR 横須賀線	193%	近鉄大阪線	133%

3．混雑率と感染

私は、1年のうち2／3は関西で過ごし、1／3は東京等首都圏で過ごす。関西と東京とは全く別の国だと認識している。その1つが混雑率の違いである。私の利用路線はJR神戸線および阪神本線という混雑率の比較的低い路線であるので、混雑率は70～100％で車内感染の確率は低く、座って新聞を読むことができ快適である。

私は住宅を買う際に、「駅から徒歩3分程度」「混雑率が低い」「都心（関東なら東京駅、関西なら大阪駅）まで30分以内」「路線が2つ以上ある（事故で止まった際の代替輸送）」等を重視した。

4．歴史は繰り返す

疫病は輪廻《りんね》する、と言われている。

約100年前に発生したスペイン風邪を検証していく。

図表6－4　100年ごとのパンデミック

発生時期	名　称	死　者　数
1720年前後	ペスト	約10万人
1820年前後	コレラ	約50万人
1920年前後	スペイン風邪	5,000万～1億人
2020年前後	COVID －19	200万人～

図表6-5　スペイン風邪・日本国内感染者数等（注5）

時　　期	感染者数	死亡者数	死亡率
1918年8月～1919年3月	21,009,151人	249,672人	
1919年4月	112,291	5,573	
1919年5月	37,051	1,649	
1919年6月	8,263	400	
1919年7月	1,642	69	
第一波・小計	21,168,398人	257,363人	1.2%
1919年9月～1919年12月	179,565人	5,102人	
1920年1月～1920年3月	2,073,899	110,883	
1920年4月	79,768	8,555	
1920年5月	72,434	2,742	
1920年6月	5,150	346	
1920年7月	1,281	38	
1920年8月	282	16	
第二波・小計	2,412,379人	127,682人	5.3%
1920年9月～1920年12月	20,269人	513人	
1921年1月～1921年3月	150,686	2,191	
1921年4月	37,550	709	
1921年5月	11,669	210	
1921年6月	2,859	46	
1921年7月	881	12	
第三波・小計	223,914人	3,681人	1.6%
合　　計	23,804,691人	388,726人	1.6%

さて、COVID―19の状況はどうか。PCRの検査数は時期および都道府県により異なるので、感染者数を詳細には掲載しない。死亡者数に注視したい。

当初1年間の死亡率は1・48％で、スペイン風邪の当初1年間の死亡率に近い。しかるに、スペイン風邪の2年目は死亡率が5・3％に上昇した。スペイン風邪の傾向を考察すると、2020年より2021年のほうが死亡率が上昇する可能性がある。**年明けから死亡者が急増**しているのは、その兆候かもしれない。

図表6‐5を見ていただきたい。

1918年3月にスペイン風邪がアメリカで始まり、5カ月後に日本に

図表6－6　2020年1/1～12/31の感染状況（注6）

感染者数	死亡者数	死亡率
235,674人	3,491人	1.48%

図表6－7　わが国の累計死亡者数（注6）

順位	2020年2月13日～12月31日		2021年1月1日～2月15日	
1	東京都	644人	東京都	493人
2	大阪府	579	大阪府	479
3	北海道	453	神奈川県	333
4	神奈川県	276	兵庫県	272
5	愛知県	214	愛知県	268
6	兵庫県	211	埼玉県	267
7	埼玉県	208	千葉県	233
8	福岡県	119	北海道	187
9	千葉県	118	京都府	94
10	沖縄県	81	広島県	64
合計		3,491人		3,552人

到来。当時も今も特効薬がなく感染防止策としてマスクをし、学校、劇場、映画館、会社等が閉鎖された。その後第二波、第三波が到来し、1921年7月にようやく終息した。1930年に世界恐慌が始まり、1923年に関東大震災が発生したが、今回も似た出来事が発生する可能性は否定できない。ドイツにナチスが誕生したのもスペイン風邪の最中であった。私は、2歳の時に第二室戸台風時の高潮で流され、5歳の時に車に跳ね飛ばされ、リーマンショック時には株で大損等波乱万丈の人生を歩んでいる故、「悲観的に物

図表6－8　20世紀および21世紀の比較

20 世 紀	21 世 紀
1918年3月〜 スペイン風邪がアメリカで発生	2019年11月〜 COVID－19が中国で発生
1918年8月〜1919年7月 スペイン風邪（第一波）がわが国に到来	2020年1月〜 COVID－19（第一波）がわが国に到来
1919年9月〜1920年8月 スペイン風邪（第二波）がわが国に到来 （死亡率急上昇）	2020年8月〜 COVID－19（第二・三波）がわが国に到来（死亡率上昇？）
1920年9月〜1921年7月 スペイン風邪（第三波）がわが国に到来	2021年秋〜 COVID－19（第四波）がわが国に到来（？）
1923年9月 関東大震災	2021〜2030年 三大都市圏のどこかで大地震（？）
1930年月〜 世界恐慌	2021〜2030年 世界恐慌（？）
1939年月〜 第二次世界大戦	

事を考え、楽観的に暮らす」が良いと思う。この100年間の医学の進歩で治療法は格段に良くなったが、予防法は、うがい・手洗い・マスク・3密回避と、昔と同じである。

新型コロナウイルス感染による世界の死亡者数が、日本時間の2021年1月16日、200万人を超えた（米ジョンズ・ホプキンス大学システム科学工学センター集計）。

世界保健機関（WHO）のテドロス・アダノム事務局長は、「新型コロナウイルス感染症の致死率は、通常のインフルエンザの10倍と推定される」と述べ、楽観論者に警告を発した。

私は50歳を過ぎてから3回インフルエンザに感染しているが、いずれも家で1週間余り寝ていたら全快した。よく、「インフルエンザは毎年1万人以上死ぬが、新型コロナはたった数千人。故に、新型コロナは怖くない」と言う人がいるが、2019年のインフルエンザ死亡者数と2020年の新型コロナ死亡者数を比較するのは、ナンセンスである。うがい・手洗い・マスクを実行した2020年と無防備の2019年とを単純比較するのは非科学的である。

5．オリンピック

図表6‐9のように、**「40年ごとの呪われたオリンピック★印」**（麻生太郎氏）という発言があったが、2021年五輪はどうなるか？

共同通信社の全国電話世論調査によると、2020年12月では、開催すべき…31・6％、再延期すべき…32・2％、中止すべき…29・0％、2021年1月初旬の調査で、開催すべき…12・6％、再延期すべき…44・8％、中止すべき…35・3％となった。そして、IOCの最古参委員のディック・パウンド氏は、「開催に確信が持てない」と言い、米有力紙ニューヨークタイムズ（電子版）は、2

図表6－9　五輪と戦争・感染症（2021年2月現在）

	五　輪　名	戦争・感染症等	中止・開催
1916年	ベルリン	第一次世界大戦	中止，IOC創設者＆会長のクーベルタンが仏で従軍
1920年	アントワープ	スペイン風邪	開催
1940年	東京★	日中戦争	中止
1964年	東京	開幕日に中国原爆実験	開催
1980年	モスクワ★	ソ連のアフガニスタン侵攻	西側諸国ボイコット
2010年	バンクーバー	新型インフルエンザ	開催
2016年	リオデジャネイロ	ジカ熱	開催
2020年	東京★	COVID－19	延期
2021年	東京	COVID－19	？

021年1月15日に「東京五輪は中止に追い込まれる可能性がある」と報じた。はたして、どうなるか。

6. 人間を一番多く殺す生き物は?

ハチ? クマ? ヘビ? サメ? オオカミ? **日本オオカミ協会**によると、オオカミは基本的に人間を襲わず、シカやイノシシを襲うらしい。(注7) 日本ではオオカミが絶滅したために、シカやイノシシの被害が増えているそうで、もう一度山にオオカミを放つべきだと主張する。生態系が壊れ、増えすぎたシカが山の緑を食べてしまうことによって、農作物被害だけではなく、**植生破壊により木々が枯れ、土砂崩れ等の災害が増加**しているのはあまり知られていない。

人間を一番多く殺す生き物は、**蚊**である。蚊が媒介する感染症で、世界中で年間80万人以上が亡くなっている。蚊は病原体の運び屋、**マラリア、デング熱、黄熱、日本脳炎、ジカ熱**等。世界保健機関(WHO)によると、年間2億人が感染し、40万人が死亡しているという。また、世界銀行は、2030年には、世界人口の約半分の36億人がマラリアの危険にさらされるという。なぜか? **地球温暖化**が原因である。温暖化によって、ヒトスジシマカの北限が上がっているし、ヒトスジシマカよりもっと危険な**ネッタイシマカ**が既に成田空港、羽田空港または中部国際空港で見つかっている。

天然痘は牛、インフルエンザは鳥や豚等が宿主である。ＳＡＲＳ（重症急性呼吸器症候群）ではコウモリ、ＭＥＲＳ（中東呼吸器症候群）ではラクダが媒介したとされている。ＣＯＶＩＤ-19（新型コロナウイルス）ではまだ確定できていないが、コウモリまたはセンザンコウではないかと言われている。

２０１６年、シベリアで炭疽菌により、子供１人死亡、数十人が入院という事件が起きたが、８０年近く前に炭疽菌感染症で死んだトナカイの死体が埋まっていた**永久凍土が温暖化で解け、死体から炭疽菌が飛散**したとされている。海水温上昇で細菌が増加し、魚介類を介した感染症が増加する可能性がある。

7. 熱中症と労働生産性

生産性とは、投入資源量に対する産出量の割合をいう。すなわち、**労働生産性＝労働により産出（Output）／労働投入量（Input）**である。また、国際社会の中では、**労働生産性＝国内総生産（ＧＤＰ）／就業者数**、で表されることが多い。

２０２０年の夏は暑かった！　私は、８月～10月初旬の10週間は出稼ぎに行く。**神戸（日**

曜）⬇東京（月曜）⬇横浜（火曜）⬇大阪（水曜）⬇東京（木曜）⬇横浜（金・土曜）と、1週間で関西・関東を2往復し、たまに、京都・名古屋に行く。30年以上続けているルーティンワーク。神戸から東京に移動すると暑く感じる。東京から横浜に移動すると涼しく感じる。**横浜スタジアムを見下ろす馴染みのホテル**に泊まるが、本当に疲れがとれてやる気が出る。横浜から大阪に移動すると暑く感じる。大阪から東京に移動すると少し涼しく感じる。そして、たまに京都や名古屋に行くと猛烈に暑く感じる。とにかく、京

図表6-10　都市の気温（2020年1/1～12/31）（注8）

都市名	猛暑日数	真夏日数	冬日数	真冬日数	苦痛指数
札幌	—	12	116	36	346
仙台	2	32	27	—	124
東　京	12	54	3	—	150
横　浜	5	50	—	—	115
多治見	29	77	5	—	251
名古屋	24	74	3	—	226
京　都	26	75	2	—	232
大　阪	22	70	1	—	208
神　戸	13	50	—	—	139
神戸空港	3	34	3	—	83
岡　山	24	70	17	—	246
高　松	23	69	3	—	213
福　岡	12	61	—	—	158
那　覇	0	108	—	—	216

都・名古屋・大阪での仕事は、体力を消耗する。「力士の多くが名古屋場所で体調を崩す」と言われるのも納得がいく。

そこで、都市別に気温を調べたのが図表6-10である。

猛暑日とは最高気温が35度以上、**真夏日**とは最高気温が30度以上、**冬日**とは最低気温が0度未満、**真冬日**とは最高気温が0度未満の日をいう。

苦痛指数は私が勝手に考えたものであるが、猛暑日：3点、真夏日：2点、冬日：2点、真冬日：2・5点で計算している。

やはり、猛暑日、真夏日、冬日および真冬日が多い都市は体力が消耗する。多治見市は日本一暑い都市と言われることが多いが、おおむね内陸の都市は蒸し暑い。神戸市も山手は少し暑いが、空港周辺の海岸沿いは涼しい。私は、少しでも健康寿命を延ばしたいので、神戸の海岸沿いのマンションを購入した。岡山や高松は瀬戸内なので穏やかな気候と思っていたが、実際は厳く、逆に那覇はさほど暑くないのである。

2000年～2019年の国内の**低体温症による死者（凍死者）**は計約19、800人で、**熱中症による死者**は約14、000人である。(注9) 東京都立大学特任教授の藤部文昭氏の1999～2016年の気温の変動と死亡率との関係の分析によると、熱中症では、**夏季の平均気温が1度高い年は死亡率は40～50％上昇**し、低体温症では、**冬季の平均気温が1度低い年は死亡率は20％上昇**したという。

地球温暖化の進行で、**暑さがもたらす労働生産性低下による世界経済の損失**はどれくらいであろうか。**国際労働機関（ＩＬＯ）**によると、２０３０年には2兆4、０００億ドル（約２６０兆円）に上ると試算された。特に農業と建設業への影響が大きく、世界の農業人口9・4億人の労働量の60％が、建設業の19％が喪失すると予測。他に、ごみ収集、救急、消防、運送、観光、スポーツ等の業種に大きな影響を与えるという。建設業界では、工員を減らしロボットに代替させているが、スポーツはロボットに競技をさせるわけにいかず、甲子園球場がドーム球場になる日が来るのではないか。五輪は北極圏でしか開催できなくなる可能性がある。地球温暖化は、職業や人命にまで影響を及ぼすのである。

また、２００５年の米国コーネル大学のAlan Hedge教授、Wafa Sakr教授、Anshu Agarwal教授がフロリダの保険会社でパソコン入力をする女性労働者を対象にした調査で、左記の結果が出た。

室温を**20度から25度に上げることで、タイピングミスが44％減少、文字量が１５０％増加**した。そして、労働者1人につき**1時間当たり2ドルの利益増**を達成可能となる、と。[注10]

また、早稲田大学理工学総合研究センター客員研究員の堤仁美氏によれば、湿度が35度以下になると、まばたき回数の増加等による作業効率が低下する旨の結果が出たとされている。[注11]

すなわち、**温度および湿度は、労働生産性に大きな影響**を及ぼす。私は２０２０年7月のコロナ禍の最中に目が充血し、仕事の効率が大幅低下した。早速、神戸元町商店街の女医さんに電話して事情説明すると、「ゲッ！　充血ですか？　コロナ感染の可能性があります！　危険なので来ないで下さい」と**診察拒否**された。別の大きい診療所で精密検査を受けると、「ドライアイです。室内が乾燥してませんか？」と先生はおっしゃった。

温度および湿度に関する感じ方は、個人差が大きい。**職場や学校の空調はすべての者に快適とは言えない故に、テレワーク・オンライン授業の存在価値**がある。エアコンや加湿器で、自分に合った状態にすればいい。シンガポール経済の国際的地位を不動のものにした**初代首相リー・クアンユー**（1923〜2015）は、高度経済成長には空調設備の充実が必要不可欠であることを強調した。我々も温度および湿度に注意を払い労働生産性を向上させるべきである。

8．疫病と法律問題

2020年4月末までに全国の消費生活センターに寄せられた新型コロナに関する相談は約200、000件、うち約9、000件がキャンセル料の相談で、旅行および結婚式関連が多い。行政からの五輪延期または感染リスク回避のためのキャンセルであれば、返金しないのは民法違反の可能性がある。私も五輪（野球）を観るために横浜スタジアム横のホテルを予約していたが、幸いキャンセル料不要で返金してくれた。

選手村は五輪後改修工事がなされて「ＨＡＲＵＭＩ　ＦＬＡＧ」として分譲されるが、延期により引渡しが遅れるために買主への巨額の損害賠償がかかる可能性がある。

新型コロナによって、今まで構築されてきた常識・価値観等が音を立てて崩れていく。

9．経済政策としての給付金

２００9年は大変な年であった。リーマンショック時に、私は**株で数千万円の損を出し、人生に行き詰まった。**手持ちの資金で補填したが、すぐに資金がショートし、数百万円の金を1カ月以内に用意する必要が発生した。一時的ではあるが、その日の食事にも窮した。

そこに、**麻生太郎首相**（当時）が**１２、０００円の定額給付金**を決定した。「１２、０００円は少なすぎる！」と感じた人は、今まで苦労したことのない人であろう。私の自宅の横に「ローソン１００」があり、パン、おにぎり、ざるそばまたはそうめんは、賞味期限前数時間になると、50円引きの55円となった（現在は、消費税増税で58円）。1日3食、パン、おにぎり、ざるそばまたはそうめんのうち2個ずつ、55円×6個＝３３０円。加えて、ＪＲ三宮駅・元町駅周辺にある激安自動販売機で1本50円のお茶やコーヒーを買い、1日の食費を４００円以内に切り詰めた。１２、０００円÷４００円＝30日分の食費。

そして、パンやおにぎりで飢えをしのぎながら、銀行（メガバンク）１行および消費者金融1社からの融資を成功させた。銀行は、テレビ電話での面接の後、たった100万円の融資の審査に約3週間もかかったが、消費者金融は400万円の金をわずか40分の審査で貸してくれた。住宅ローンに加え、銀行・消費者金融からの融資と計3つの**多重債務者**になった。意外なことに、**消費者金融より銀行のほうが取立てが乱暴**だった。たった1日でも返済の振込みが遅れただけで、「もう一回返済が遅れたら、あなたはブラックリスト入りです」と**鬼の首を取ったような電話**が来た。その後、印税や講演料収入が増えたので、ローンは繰り上げ返済をした。あれから約10年、そのメガバンクからは今だに電話がかかってくる（一切出ないが）。留守電には「相川様、またお金を借りていただけませんか。相川様なら、金利をお安く致します」と入っている。

また、**住宅ローン控除の上限を1600万円から5000万円に拡大され**、2009年にマンションを購入した私は助かった。私は、麻生太郎氏の経済政策で息を吹き返した。

2020年4月16日、政府自民党は、**所得制限無しの国民1人当たり10万円の一律給付**を決定した。ところで、**政治家の一部に、「給付金10万円の申請は辞退する」というピント外れの者**が存在する。日本では、こういう「いい格好をした遠慮」が美徳とされるが、私は、経済学的には間違っていると思う。私は、速攻で申請し（申請から3日後に振込み。さすが神戸市！）、オンライン授業用にSONYのビデオカメラとSDカード等を7万円で買い、残りの3万円で近所のちょっと高級なうなぎ屋で『うな重（梅）・2,000円』、焼肉屋で

『神戸牛焼肉定食・2,000円』等を堪能し、大満足であった。

「私が給付金を使って電化製品を買い、うなぎや焼肉を食べる」⬇「電気屋、うなぎ屋や焼肉屋、およびその仕入先の業者や牧場の収入が増加する」のである。すなわち、**「誰かの支出は誰かの収入となる」**、**これが経済学の発想である！**　さらに、**10%は消費税**として国等の収入となるのだから、**三方良し**ではないか。

10. 金融政策と財政政策

金融政策（financial policy）とは、たとえば、日本銀行が金利を引き下げて銀行、企業、個人が金を借りやすくし、設備投資や住宅取得を促す政策で、**財政政策**（fiscal policy）とは、たとえば、金を使わない企業に代わって政府が国土強靭化に代表される公共事業等に金を使うことである。以上は1つの例である。

11. ゼロサムゲーム

ゼロサム（zero - sum）とは、「zero」はゼロ、「sum」は合計であり、合計するとゼロになることをいう。互いにゼロサムの関係にあることを**ゼロサムゲーム**といい、代表例は外国為替を売買して為替差益で利益を得るＦＸ取引である。円とドルの関係では、円が安くなればドルが高くなり、一方の利益が他方の損失になる。つまり、プラスマイナスゼロという発想である。ちなみに、zero - sum は、零和《れいわ》と和訳される。「給料が上昇しても、物価、消費税又は保険金額が上昇すればゼロサムである」「ナショナリズムは、他国の利益が自国の損失と考えるゼロサムの国際関係を生み出す」などと使われる。一方の利益が他方の損失にならない概念を**ノンゼロサム**といい、双方が利益を得るという、ゼロサムと対峙する概念を**ウィンウィン**という。

12. トレードオフ

「新型コロナの終息優先か、経済優先か？」難しい問題である。（1）経済を優先させれば新型コロナウイルス感染症による死者が増加し、（2）ロックダウン（都市封鎖）等をして終息を優先させれば収入減による生活苦で自殺・餓死が増加する。このように、一方が増加または減少すれば他方が減少または増加するという事象を、**トレードオフ**（trade - off）の関係にあるといい、下記の

図表6-11　トレードオフ

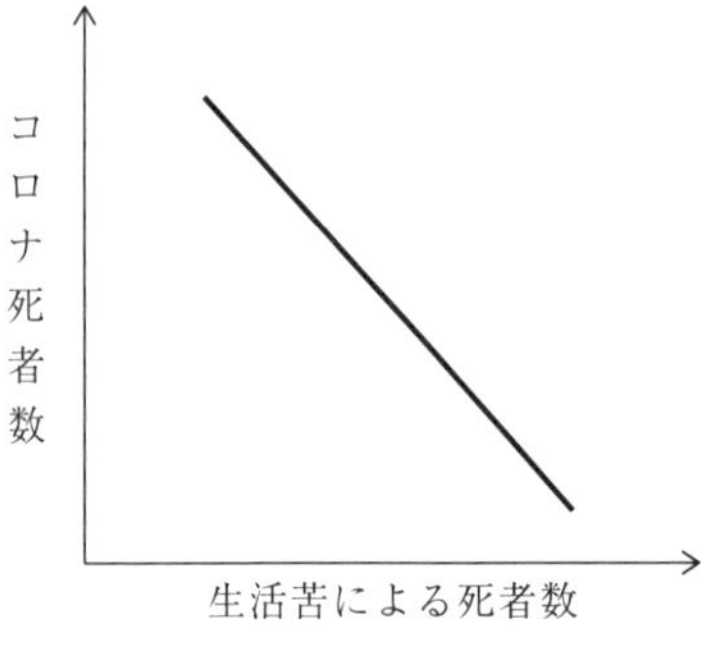

グラフとなる。

13．パレートの法則

イタリアの経済学者**ヴィルフレド・パレート**（１８４８〜１９２３）は、**数理経済学による実証的手法（統計分析）**を用いて、経済社会における富の偏在を明らかにした。これは、**パレートの法則**といわれ、20％の高額所得者のもとに社会全体の80％の富が集中する、というものである。この概念により、社会全体の富の適正配分等を目的とする経済政策を打ち立て、**厚生経済学**の先駆けとなった。これは、都市経済学でも思い当たることがある。私は神戸元町に住んでいるが、昼前の11時過ぎになると一部の飲食店に開店前の行列ができる。行列ができる店舗は約20％（しかも、ランチなのに２，０００円前後する）、それ以外の店舗は行列はできない。街全体の売上の80％を20％の店舗で占めているのかもしれない。しかしながら、行列のできる店舗は3密（密閉・密集・密接）になりクラスターが発生する可能性があるので、徹底した感染対策が必要である。

また、東京でも大阪でも、交通渋滞が社会問題となることがあるが、調査すると、**都市の交通量の80％は、都市全体の道路の20％に集中**している、という事象がある。

14. グローバル化

グローバル化（globalization）とは、国や地域を超えて世界的にヒト・モノ・カネ・情報等が飛び交う状態をいう。たとえば、「留学生を受け入れる」「工場を海外に移転する」など。私のグローバル化は小学生の時、万博会場でチェコの人と話をしたことである。

メリット：

1. 工場を賃金の安い発展途上国に移転することで、先進国は安い製品を購入でき、その国は新たな雇用が生まれるウィンウィンの関係
2. 未知の新たな技術に遭遇
3. ビジネス圏の拡大で国内では成り立たない産業の成立
4. 難民・食料ロス等一国だけでは解決困難な問題を国々の連携で解決

デメリット：

1. 安い製品の出現により価格破壊が激化し、**物価下落 ➡ 売上減 ➡ 賃金減 ➡ 倒産増のデフレスパイラル**発生
2. 工場の海外移転により国内の**産業空洞化**が発生
3. 世界中の人が来て、文化上宗教上の対立が発生し治安が悪化

図表6-12　インバウンド人口推移（単位：万人）（注12）

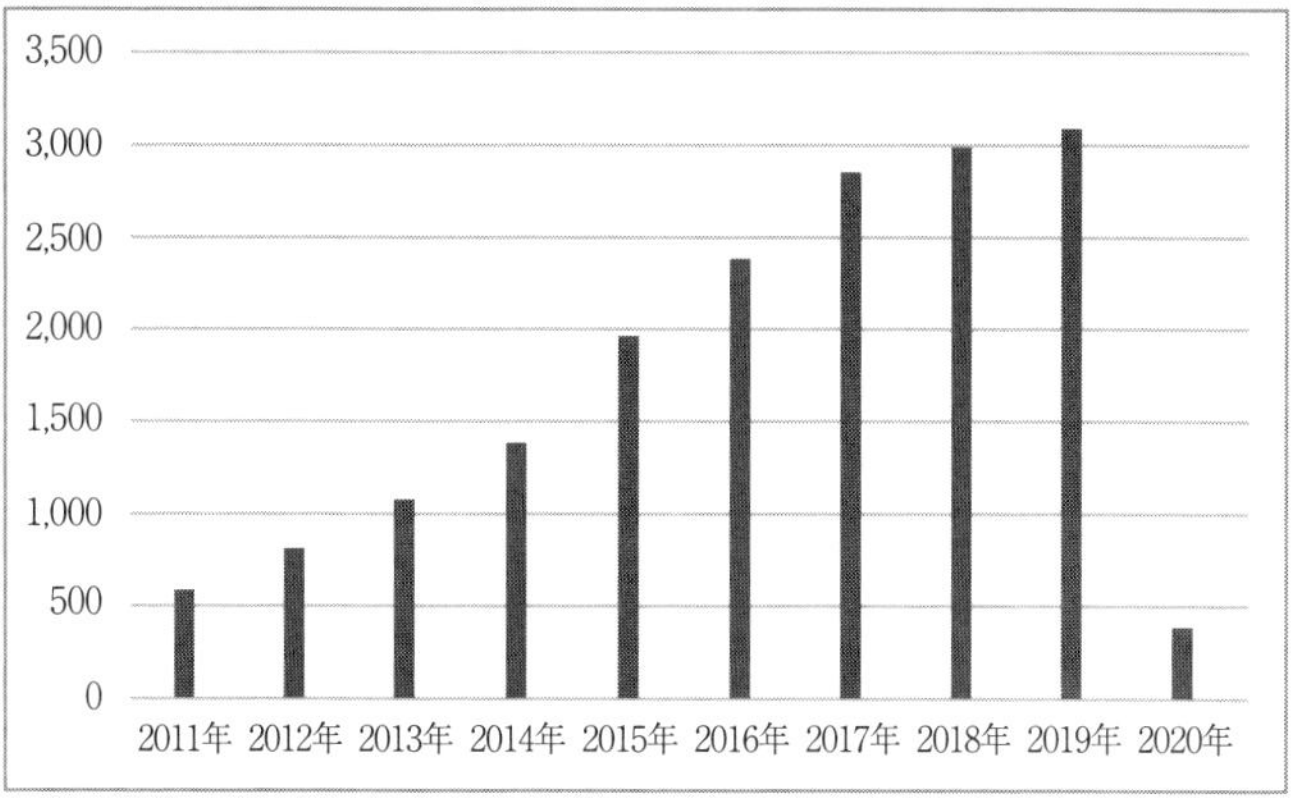

4．外来種による生態系の破壊や伝染病の蔓延

5．リーマンショック等の一国の金融危機が、世界中に伝播

コロナウイルス禍 ⬇ グローバル経済後退 ⬇ 国家の役割増大 ⬇ ナショナリズム（nationalism）の復権、という先祖返りのような流れが起こる可能性がある。

　２０２０年１月まで、わが国は、インバウンド（inbound・訪日外国人観光客）の増加による経済効果を享受したと言われている。

　しかしながら、問題点は多いのである。たとえば、バルセロナは、１９９２年のオリンピックを機に国策として観光に重点を置くが、**観光客増 ⬇ 地価上昇 ⬇ 市民・国内旅行者・出稼ぎ労働者の滞在先が無くなる ⬇ 人手不足・ゴミの増加・治安の悪化**というデメリットが発生した。京都や奈良でも、それに似た現象が出ている。

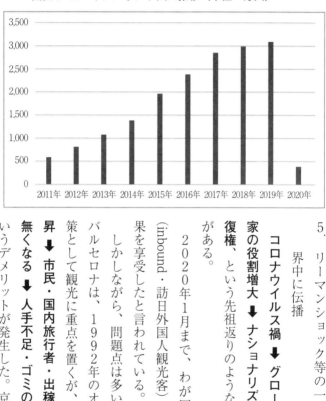

これら**オーバーツーリズム**（over tourism）の解決策として、イタリアの世界遺産チンクエ・テッレでは、年間150万人、1日の観光客が一定数に達すると道路を封鎖する**総量規制**が実施されている。和歌山県では、白浜温泉・熊野古道等人気スポットに観光客が集中することを緩和し分散させるため道路整備・バス増便という**誘導対策**が実施されている。

ここ数年の日本は円安で株価が上昇したが、はたして、今のままの円安でいいのだろうか。インバウンドが増加し、爆買い等で経済効果があったのは事実であるが、インバウンド消費額はたかだか4兆円。円が1・5倍に値上がりしたら、インバウンド消費額は半分になると仮説しよう。逆に、日本人の所有金融資産は、1・5倍になる。

金融資産が倍増すると、海外の高額商品の購入が可能となるし、FX等の海外投資も有利となる。インバウンド消費額による儲けなど微々たる金額である。私が一番恐れていることは、南海トラフ大地震で日本経済がガタガタになったときに、今のような**円安だと、経営不振の日本企業が外国資本にいとも簡単に買収される可能性が大きい**ということである。

図表6-13　円・インバウンド・金融資産の関係

	現在値	円が1.5倍に値上がりすると
インバウンド消費額	4兆円	2兆円
日本人の金融資産	1,800兆円	2,700兆円
合　　計	1,804兆円	2,702兆円

15. ジップの法則

アメリカの言語学者、**ジョージ・キングズリー・ジップ**が英文の中で使用頻度の高い単語を調べたところ、**「2位の単語は1位の半分」という法則**を発見した。この法則は、自然現象や社会現象にも応用できる。図表6-14のように、都市の人口を考える。東京都区部は約920万人、第2位の横浜市は約372万人と半分弱である。アメリカでも同様に、第1位のニューヨークと第2のロサンゼルスでこのような関係にある。第2位を大きく引き離す規模の大都市は、**プライメイトシティ**（primate city）といわれる。まさに、東京やニューヨークが該当し、一極集中となるので、過剰な人口に対応できるインフラが必要であり、通勤ラッシュ・住宅不足・疫病蔓延等が問題となる。

図表6-14　わが国の都市の人口（注13）

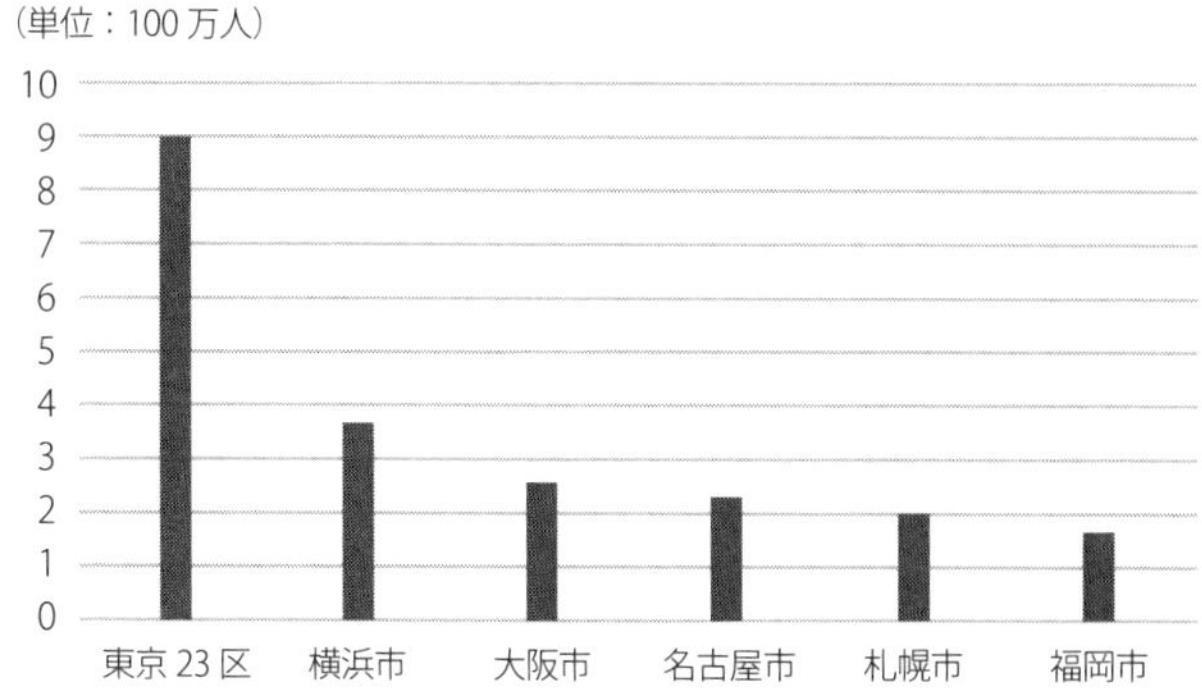

図表 6-15　1人当たりの都市公園面積（㎡/人）(注14)

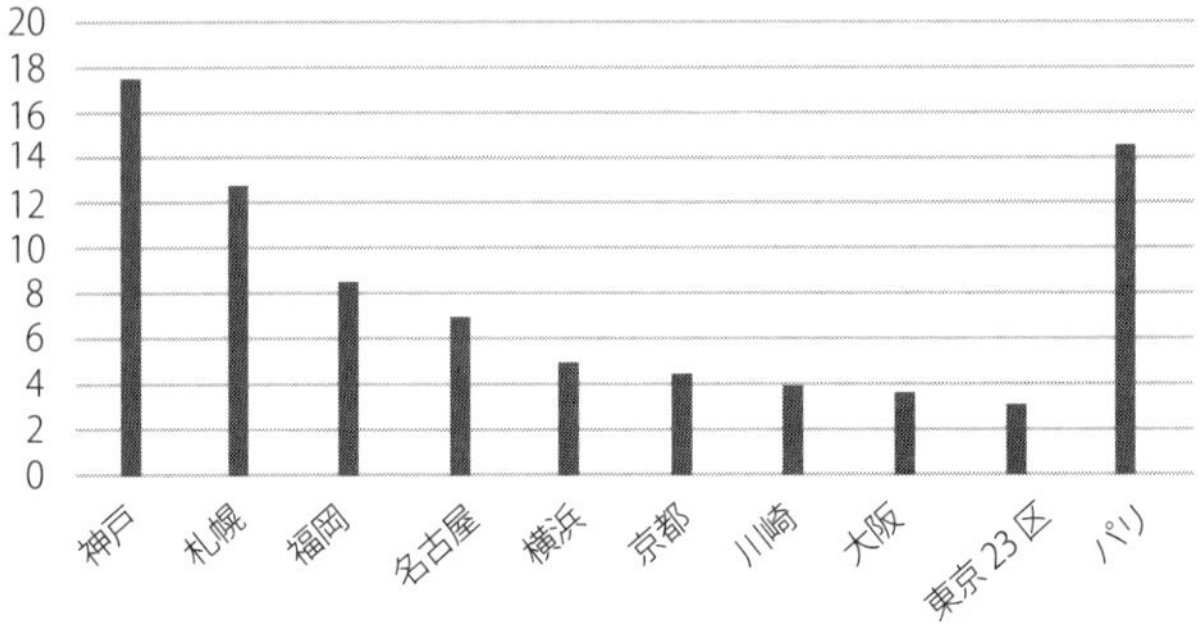

16. 都市公園

都市公園（city park）は、単なる憩いの場になるだけではなく、災害時の避難場所としても重要である。私は、阪神大震災の際、公園で一時ホームレスとなった経験があるが、図表6-15で示されているように東京や大阪等の1人当たりの都市公園面積の小さい都市は、非常時に心配である。

17. 新国立競技場と埋没費用

埋没費用（sunk cost）とは、事業等の投下した金や労力のうち、事業等の縮小・中止をしても戻らないものをいう。**行動経済学**の用語である。

たとえば、新国立競技場は、当初イラクの女性建築士ザハ氏が設計した。ところが、予算が1、300億円だというのに、採用されたデザインどおりに建築した場合の総工費は2、500億円以上になることが判明した。設計からやり直しをすればこれまでに投入した費用がすべて無駄になる。かといって、そのまま挙行しても莫大なコストがかかる。行くも地獄、戻るも地獄。結局、ザハ氏へ支払った設計料等（埋没費用）はドブに捨てた形で、隈研吾氏設計の1、530億円のものになったのである。

新国立競技場の耐用年数が40年・残存価値はゼロとして、単純に減価償却費を計算すると1、530億円÷40年＝38・25億円。

さらに、**日本スポーツ振興センター（JSC）**の試算では修繕費等の維持費が年間24億円とされている。

毎年計62・25億円の費用が発生する。施設を管理するJSCは、五輪後、運営権を民間に売却する方針であるが、手を挙げる企業は今のところない。当初のザハ案であれば、開閉式の屋根・臨場感あふれる観客席・コンサートができる音響効果と全天候型・おしゃれな外観…と魅力いっぱいであるが、現在の新国立競技場にはこれらの設備がない（短い工期と限られた予算で設計された隈氏に何の責任もないが）。運営権売却を成功させるためには、「魅力ある競技場」にする必要がある。一部取り壊して屋根を設置してドームにし、客席の改造も必要かもしれない。かくして、レガシィではなく、「負の遺産」になる可能性がある。そして、そのツケはまず東京都民の税金で穴埋めされることになろう。

それに対して、**東京ドーム**は今後期待できる。2020年に東京ドーム株10%弱保有の「物言う株主」である台湾ファンド、オアシス・マネジメントから取締役解任請求をうけたが、三井不動産が**ホワイトナイト**（white knight・白馬の騎士）、すなわち敵対的買収を受ける企業にとって友好的な企業等として**TOB（take over bid・株式公開買い付け）**を実施し、翌2021年に三井不動産の子会社となった（買収総額約1、200億円）。その後、三井不動産は読売新聞社に株式を一部譲渡する。東京ドームは読売巨人軍の所有物とよく誤解されたが、これで巨人の親会社である読売新聞社が株式の一部を保有することになる。東京ドームは敷地面積13haの東京ドームシティを運営し、保有不動産の簿価は2、000億円近くになる。三井不動産は、ドーム周辺を一体再開発し、家族連れで楽しめる**ボールパーク構想**を推進する。1988年に建築され、老朽化した東京ドームのバージョンアップが楽しみである。

注

（注1）ご長老・芸妓・舞妓・下宿先の大将とその奥方から伺った話をもとに相川が作成した（図表6-2も同様）。

（注2）**源頼政**（1104~1180）は、酒呑童子を退治した**源頼光**の玄孫（孫の孫）である。保元の乱（1156）・平治の乱（1159）ともに**平清盛**側につき、源氏ながら清盛に重用された。

（注3）『天皇家125代』大角修編著・枻《えい》出版社・2018年により、相川が作成した。

（注4）国土交通省の混雑率データ（2010年）により相川が作成した。
（注5）『流行性感冒』（内務省衛生局編）の資料を基に相川が作成した。
（注6）厚生労働省・自治体の発表をもとに、（図表6-6）・（図表6-7）ともに相川が作成した。チャーター機での帰国者・クルーズ船の乗船者は含まれない。
（注7）日本オオカミ協会会長であり、東京農工大学名誉教授の丸山直樹氏の『オオカミ冤罪の日本史―オオカミは人を襲わない―』（JWA自然保護教養新書・2019年）による。
（注8）気象庁発表による。
（注9）人口動態統計（厚生労働省）による。
（注10）「Study links warm offices to fewer typing errors and higher Productivity」（Cornell Chronicle・2005）による。
（注11）「低湿度環境が在室者の快適性・知的生産性に与える影響に関する研究・2004」（堤仁美）による。
（注12）日本政府観光局の発表した資料により相川が作成した。
（注13）2015年の国勢調査（総務省統計局）の資料により相川が作成した。
（注14）都市公園データベース（国土交通省）等により相川が作成した。

※本章は『大阪學院大學通信　2021年 第52巻 第2号』に寄稿したものを加筆修正したものである。

第7章　都市のニューノーマル

1．ニューノーマル形成へ

ニューノーマル（new normal）とは、21世紀初頭に、投資家**ロジャー・マクナミー**が提唱した「世界中にネットが普及したことにより、これまでの経済理論が通用しなくなる」という考えで、今は、新型コロナウイルス禍が世界中に拡大したことにより、「感染リスクを低減するため、テレワーク導入・ソーシャルディスタンス保持等3密回避・うがい手洗いマスクの徹底等、の生活様式の変容」を求めることである。

図表7－1　コロナによるニューノーマル形成

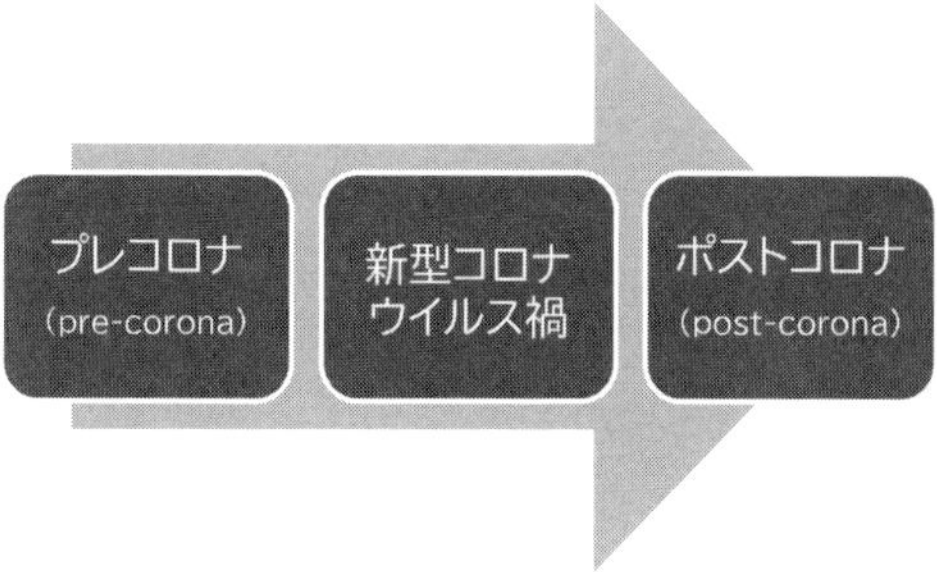

2020年4月1日、安倍晋三首相（当時）は、布マスクを1住所当たり2枚ずつ郵送すると表明した（アベノマスク）。4月7日、緊急事態宣言。…

2月からの自宅待機・テレワークから起算して3カ月間、生まれて初めて長期間**「巣ごもり生活」**を経験し、一度人生を考え直すいい期間となった。「自分は、何のために生まれてきたのか」「自分は、何をしたいのか」と。かつて1,000日以上連続でビール（ほぼプレミアムモルツ）を飲んだ記録を持つ私であるが、酒を飲まなくなった。毎日必ず食べるもの、野菜（トマト・キャベツ・人参等）、サーモン、サラダチキン、R-1ヨーグルト、納豆、卵、チーズ、コーヒー、大人のためのミルク等。毎日、朝の買い出し➡朝食➡原稿書き➡昼食➡部屋の片づけ➡夕食➡散歩➡読書➡風呂➡就寝、の繰り返しである。晴れた日には自宅のバルコニーに出て日光浴。バルコニーからは、目の前にメリケンパーク、そして、その背後には大阪湾全体が見える。湾岸の操業停止の工場から煙が消え、空がさらに青く見える。まさに、ブルー・スカイ・ブルーだ。神戸空港や関西国際空港から離着陸する飛行機はほとんどない。体力が落ちないように、夜はメリケンパークを散歩する。イタリアへのエールである「BE KOBE」のライトアップ（赤白緑のイタリーカラー）、桜とポートタワーのライトアップ…綺麗な夜景に癒される。しかしながら、誰もいない海辺。沖には、イカ釣り船とおぼしき炎が見える。静寂に包まれたわが街神戸。

われわれが、この平成以降にさまざまな試練を経験した後、新たな教訓や文化が生まれた。1995年の阪神大震災では、**ボランティア文化**が根付いた。また、地域コミュニティの大切さがわかった。自助・共助・公助の**「共助」**である。2011年の東日本大震災では、**原子力発電の安全神話が崩壊**し、再生可能エネルギーへの認識が高まった。今回の新型コロナウイルス禍は、われわれにどういう教訓を与えてくれるのか。テレワーク、無駄な会議およびITによるマンパワーの削減…か。

いつの日か新型コロナウイルス禍が終息した時、今まで存在した職業が消滅し、聞いたことがない新しい職業が生まれるであろう。

2. 感染症と差別、そして、コロナに思うこと

K大学の学生が2020年3月に欧州旅行に行った後、感染が判明。これを起点に2次感染、3次感染、4次感染…、4月6日時点で、10都道府県70人以上に拡大し、(注1) K大学に対する陰険な差別が報道された。

思えば、2009年5月、**新型インフルエンザが神戸から発生**した。発生日から数日後に、私は東京本社と名古屋支社へ1週間の出張に出かけたが、神戸市民ということで、本社ではあまり人が近くに寄って来ず、名古屋支社では露骨に差別された。同じ会社の仲間だという

のに。出張の途中、お台場で、ある**有名な女性オリンピアン**と1時間程お話しさせていただいた。その方は、神戸から来た私を避けることを一切せず、別れの際、両手で私に握手して下さり、「相川さん、お気をつけて旅を続けて下さいね」とおっしゃった。こんなナイチンゲールのような優しい方がいる。日本も捨てたものではないと感じた。

2020年の回想〜

3月末、石川県知事が東京都民に対し、「無症状の人は石川県にお越しを」と発言した（3／31時点で石川県の感染者数は13名）。その後1週間で、感染者数は5倍増。そこで、「やっぱり、石川県に極力入っていただかないように」と発言を撤回したが、4月だけで238名も新規感染者が出た。知事の発言は重い。

4月9日、大学受験時の仲間であったO氏（某放送局取締役）のコロナ死が判明した。友人として尊敬し、また、羨望の対象でもあったO氏の死は、大きなショックであり、死が自分の身近に迫ってきたと痛感した。

12月上旬、私は、GO TO TRAVELで1週間横浜へ旅行に行った。他人と会食はしない、という条件付で考えると、かえってコロナにかかりにくいのではないかと感じた。横浜スタジアム横のホテルでは、毎日体温を測られるし、マスクをしていないと注意されるし、中華街の飲食店も感染対策は徹底していた。

3. 植物工場

ビルの中で野菜の工場が増加している。太陽光の代わりにLEDの光を当て、土の代わりに培養液に浸し、温度湿度をAIで管理した建物内で野菜を育てる。レタス等の葉物が特に栽培しやすいという。**葉物は残留農薬が多いのが欠点**というが、こういう栽培方法に問題はないのか？ ただ、都市で働くビジネスパーソンや小さな子供がいる家庭では大人気だという。また、**建物使用方法のニューノーマル**（ex.銀座産のレタス）と言えなくもない。

4. NATS

私は、大学・大学院ともに吹田市で暮らし学んだ。大学院時代は、授業料は親に出してもらったが、それ以外は奨学金に加え自分で稼ぐ約束だったので、今までの浪費を見

図表7－2　植物工場の特徴

	農地栽培の野菜	工場栽培の野菜
風　　味	濃い。青臭い。	淡泊。青臭くない。
アブラムシ等	付いていることがある。	付いていない。
農薬の危険性	かなりある。	ほぼない。
ビタミン等	比較的多い。	比較的少ない。
価　　格	比較的安価だが、天候に左右される。	比較的高価だが、天候に左右されない。

直し質素倹約・安い家賃を求めて、豊中市庄内のサークル仲間、漁野君が住んでいた栄荘（家賃1・4万円）へ引越しをした。庄内は物価が安く、伊丹空港への着陸コースの真下のため、飛行機の爆音対策として、国の費用で「防音工事」および「エアコン設置」がなされ、住み心地は最高だった。

大学院修了後大学の教員になれなかったので、資格のTACおよび西宮経理専門学校（西宮市）の非常勤講師となった。私の20～30代は、**吹田市・豊中市・西宮市**が生活の舞台であった。２０２０年、この3都市と**尼崎市**で、ＮＡＴＳが結成された。しかも２０２０年1月25日、狼煙《のろし》を上げる**NATSゼロ**が、私の本務校である大阪学院大学で開催された。

ＮＡＴＳとは、**中核市である四都市の連携**であり、有事の際は互いに助け合う。四都市にはそれぞれ得意分野があり、４つが手を組めば、**人口的にも、経済的にも政令指定都市に対抗できる強み**がある。これは、**比較優位**（comparative advantage）**の法則**に適うものである。

5. まさかのコロナ特需

２０２０年４月の緊急事態宣言で売上が激減した不動産業界は、宣言解除とともに、Ｖ字回復し**「夏枯れ」**といわれる8月でも好調を維持し、今に至っている。販売価格もマンションはむしろ上昇し、戸建住宅はやや下落しているが、高水準を維持している。住宅ローンの

図表７－３　首都圏住宅平均価格（注２）

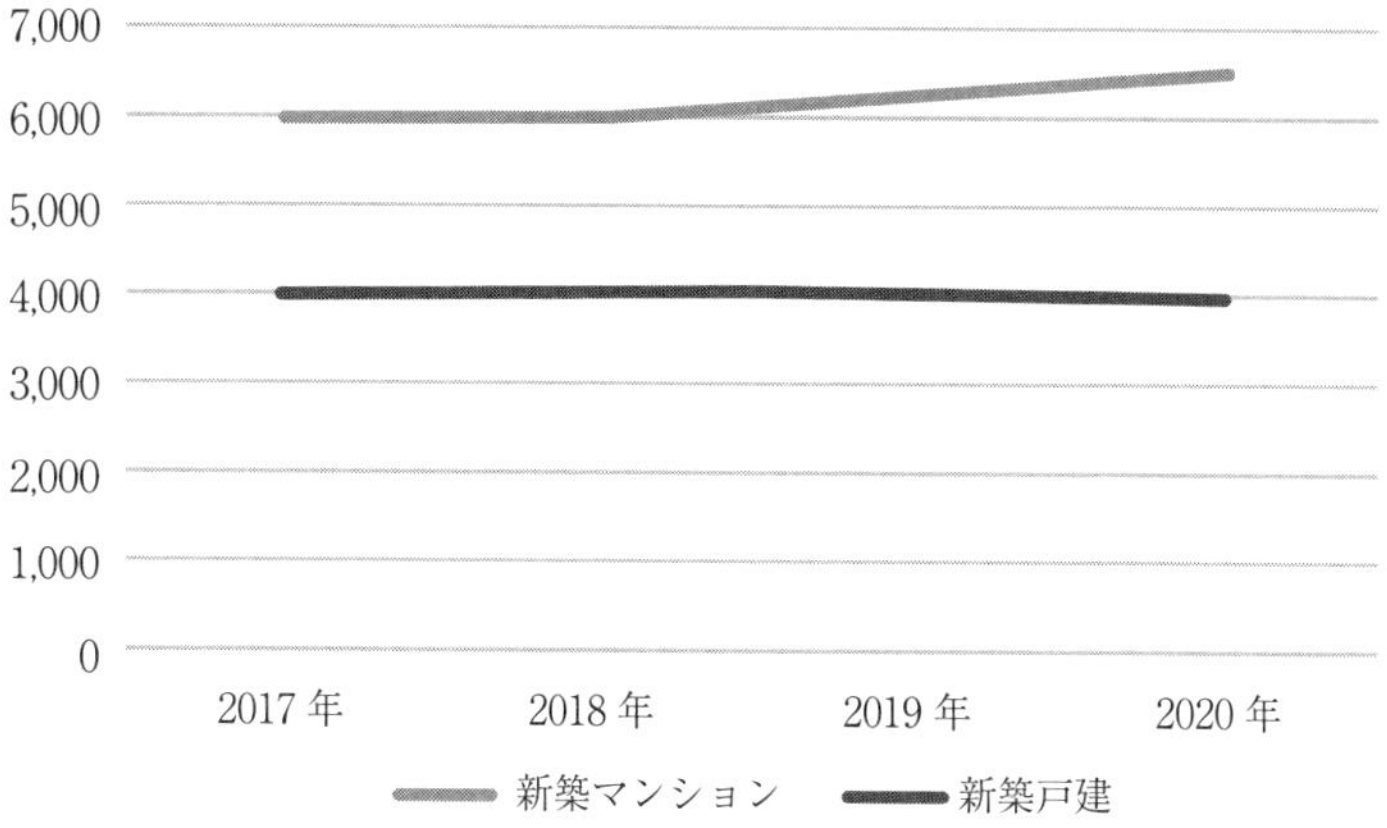

図表７－４　市街地住宅価格指数（注３）

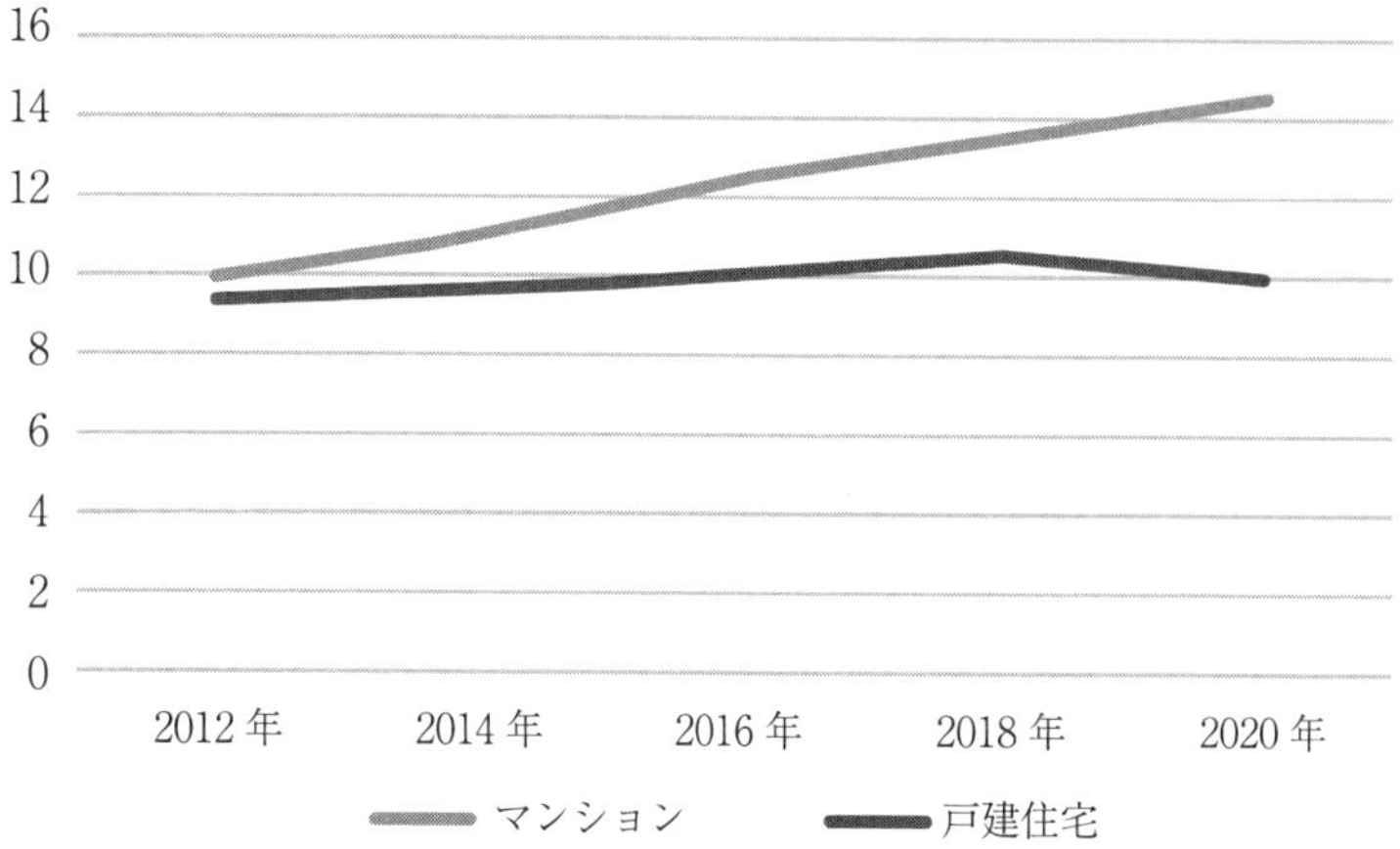

図表７－５　2019年商業用不動産投資額（注４）

順　位	都　市　名	投　資　額
1	パ　リ	30.0億ドル
2	ニューヨーク	28.8
3	ロサンゼルス	23.5
4	ロンドン	22.3
5	ソウル	21.8
6	東　京	18.9
7	上　海	17.0
8	シンガポール	15.6
9	シアトル	15.5
10	ワシントンＤＣ	14.4

低金利やテレワーク増加による郊外住宅の需要増を背景に、新築中古共に、好調である。予想外の状況で幕を開けた**不動産業界のニューノーマル**、今後の展開を注視すべきである。

不動産取引で一番重要な**「重要事項の説明」**は、貸借では**オンライン**でできる**（ＩＴ重説）**が、売買では宅地建物取引業法上**対面**でしなければならない。しかしながら、新型コロナウイルス禍により２０２１年中にオンラインでできる可能性がでてきた。ＩＴ重説が不動産業界のニューノーマルである。まさに、コロナが未来を引き寄せようとしている。

さらに、図表7-5のように、東京は、都市別投資額で世界ランク入りしている。

6. 収益還元法

不動産鑑定評価における三手法の中で一番重視されつつあるのは収益還元法であり、左記の2つのものがある。

(1) 直接還元法(基本的方法)

$$P = \frac{a}{R}$$

P:求める不動産の収益価格、a:一期間の純収益、R:還元利回り

直接還元法では、**収益価格=1年間の純収益÷還元利回り**が使用される。純収益とは、収益から費用を差し引いたものを指し、純収益は永久に続くとみなされるので、**永久還元法**ともいわれる。また、還元利回りとは、その不動産から得られる投資利回りのことで、**利回りとは、投資額に対する一期間(通常1年間)の利益の割合**をいう。たとえば、100万円を投資して10万円の利益を得られるなら、10万円÷100万円=10% となる。

不動産の場合、周辺地域の類似物件や販売中の物件の利回りや宅建業者が公表しているエ

リアごとの利回りデータを参考にすることが多い。

《設例・直接還元法》

1年間の収益が100万円、1年間の費用が30万円、還元利回りが5％と査定される不動産の収益価格を直接還元法で求めればいくらか。

100万円－30万円＝70万円（純収益）
70万円÷0・05＝1、400万円（収益価格）

（2）DCF法

$$P=\sum_{k=1}^{n}\frac{a_k}{(1+Y)^k}+\frac{P_R}{(1+Y)^k}$$

P：求める不動産の収益価格、a_k：毎期の純収益、Y：割引率
n：保有期間（売却を想定しない場合には分析期間。以下同じ）
P_R：復帰価格

復帰価格とは、保有期間の満了時点における対象不動産の価格をいい、基本的には次の式により表される。

$$P_R = \frac{a_{n+1}}{R_n}$$

a_{n+1}：n＋1期の純収益

R_n：保有期間の満了時点における還元利回り（最終還元利回り）

ゲゲッ…！　数式はチンプンカンプン‼　という方は、左記をお読みいただきたい。

DCF法とは、**「一定期間の純収益」**を割引率で現在価値に割り引いた価値、さらに一定期間経過後に売却を想定した**「復帰価格」**を割引率で割り引いた価値を合計して価格を求める手法である。なぜ、割り引くのか⁉

同じ100万円であっても、将来得られる「であろう」100万円より、現在得られる100万円のほうが価値は高いからである。今100万円を得られれば、その100万円を投資等にまわすことでさらに利益を得られる。1年後に100万円を得られるとしても、**首都圏直下地震や富士山の噴火でその不動産が使い物にならなくなる**かもしれない。テナントが夜逃げするかもしれない。将来の純収益には、**リスクが伴う**。したがって、将来の純収益を現在の価格に置き換えるには、割り引く必要がある。

図表7-6　準収益と復帰価格の現在価値

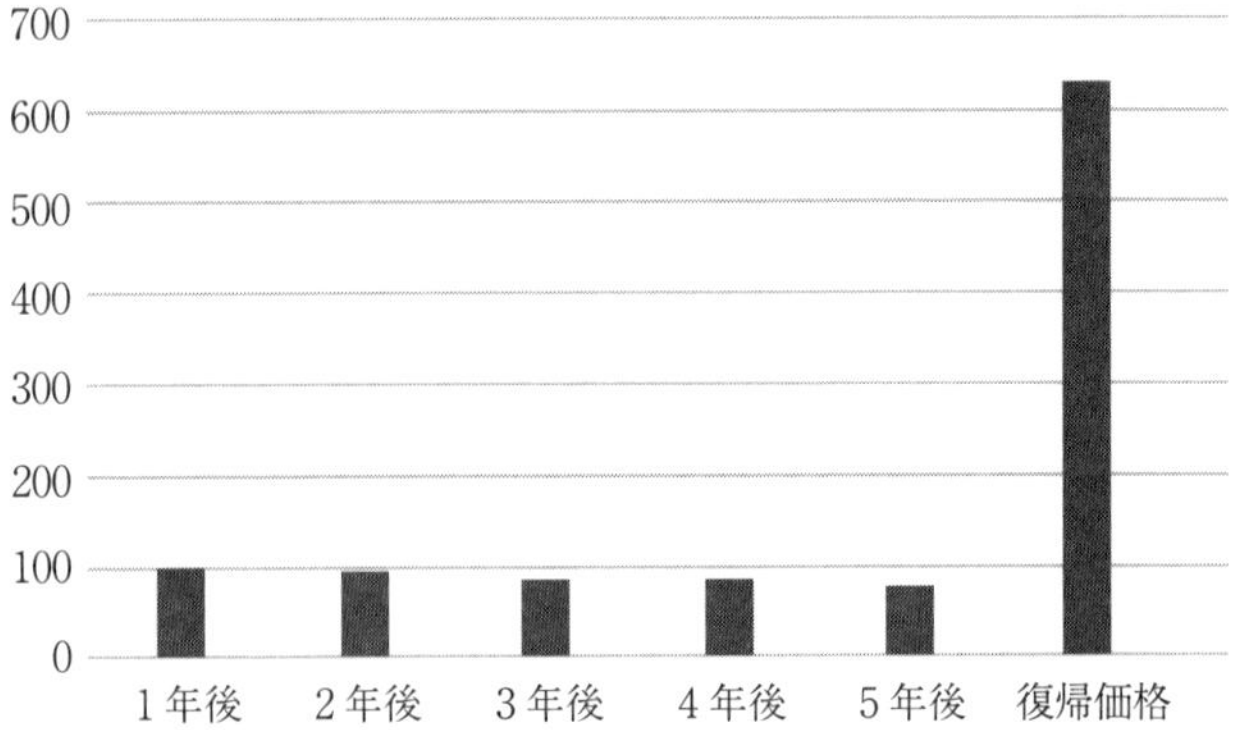

《設例・DCF法》

1年間の純収益が100万円、5年後の売却額が800万円、割引率が5%と査定される不動産の収益価格を、DCF法で求めればいくらか。

1年目の収益を現在価値に割り引くと、

100万円÷(1+0・05)≒95万円

つまり、現在価値95万円を利回り5%で投資すると、1年後には約100万円になるということである。

2年目の収益を現在価値に割り引くと、

100万円÷(1+0・05)÷(1+0・05)≒91万円となる。

同様に、3年目の収益を現在価値に割り引くと約86万円、4年目の収益を現在価値に割り引くと約82万円、5年目の収益を現在価値に割り引くと約78万円となる。

すなわち、将来の純収益を現在価値に割り引くと、
95万円＋91万円＋86万円＋82万円＋78万円
≒ 432万円 となる。………(1)
また、5年後の売却額の800万円を現在価値に割り引くと、
800万円÷（1＋0.05）÷（1＋0.05）÷（1＋0.05）÷（1＋0.05）÷（1＋0.05）≒ 626.8万円 となる。………(2)
∴この不動産の収益価格は、(1)＋(2)≒ 1,058.8万円となる。

7. 東京一極集中は緩和されるか

気になるデータがある。東京都の人口が減少し始めたのである。「2019年5月〜11月の転入超過」から「2020年5月〜11月の転出超過」を差し引くと、▲37,598人となる。「2020年5月〜11月の東京都からの転入数 − 東京都への転出数」は、図表7-7になる。

では、東京都からどこに移動しているのかは、図表7-8で、上位4県は、東京都の狭い住宅に住んでいた人が、**テレワーク導入で手狭になり少し離れた郊外の広い住宅を購入**した可能性がある。テレワークしている人の割合は図表7-9のようになり、図表7-8との相関

図表７－７　東京都の転入超過数の推移（▲は転出超過）（注５）

2020年1月	3,286人	6月	1,669人
2月	4,578人	7月	▲ 2,522人
3月	40,199人	8月	▲ 4,514人
4月	4,532人	9月	▲ 3,638人
5月	▲ 1,069人	10～11月	▲ 6,748人

図表７－８　東京都からの純転入者数（注５）

順位	都道府県名	人　　数
1	埼玉県	8,616人
2	神奈川県	6,895
3	千葉県	4,938
4	茨城県	746
5	北海道	552

図表７－９　テレワーク実施割合（注６）

順位	都道府県名	割　　合
1	東京都	45.8%
2	神奈川県	34.9
3	千葉県	26.2
4	大阪府	24.4
5	埼玉県	24.0
47	和歌山県	3.5

図表７－10　学生の地元志向（注７）

大　学　名	2010年	2020年
早稲田大学	63.8%	73.1%
一橋大学	55.0%	69.8%
東京外国語大学	51.3%	62.4%

関係が認められる。また、人材サービス大手のパソナグループが、2020年9月に、主な本社機能を淡路島に移転すると発表した。約1、200人が移住する計画で、新型コロナウイルスの感染拡大で決断したという。東京一極集中阻止につながるか。

また、東京圏（埼玉・千葉・東京・神奈川）の大学で、地元の東京圏からの合格者占有率が変化している（図表7-10）。

これら3大学は伝統ある超名門校で、元来、全国津々浦々から優秀な学生が集まった。ところが、長引く不況等の影響で地方からの受験者が減少傾向にある。私の知人で地元の旧帝国大学に合格しながら、そこを蹴って早稲田に進学した人は多い。やはり、就活等で東京に在住するメリットがきわめて大きいからである。しかしながら、今や、就活はオンライン面接が急増した。これでは、東京在住メリットは薄れてくる可能性がある。そうなれば、東京圏の大学の**東京ローカル化**が進み、東京に移動する地方の若者の減少が引き金となり、東京一極集中の緩和が進むかもしれない。

8. 限界費用ゼロ社会

限界費用（marginal cost）とは、生産量を一単位だけ増加させたときの、総費用の増加分をいう。製造業では、製品を多く造ろうとすると、その分コストが増加する。しかしながら、**オンライン授業**はどうであろうか。確かに、テキスト代は受講生が増加すればコストがかかるが、**配信だけならいくら受講生の数が増加したとしても、コストは増えない。**現在、IT関連の企業が世界経済を席巻しているのも、限界費用ゼロという要因が大きい。私も20年以上オンライン授業をしているが、2021年4月より、**ユーチューバーとして宅建士の無料講義配信を開始**した。

9. カーボンニュートラル

2015年12月、産業革命以前と比較し、世界の気温上昇を2℃未満に抑えることを目標に定めた**パリ協定**が採択された。そのために、各国は温室効果ガスの排出削減に向けて政策を進めている。**カーボンニュートラル**（carbon neutral）とは、**温室効果ガス（二酸化炭素・メタンガス等の排出量と森林による吸収量のバランスが取れた（±ゼロ）**状態またはその状態にすることである。2050年までにカーボンニュートラル実現を目指す国は、2020年10月末時点で123カ国あり、風力・太陽光といった**再生可能エネルギー**や水素発電の導入に乗り出している。

10. 大阪・関西万博

大阪・関西万博では、会場を**カーボンニュートラル、再生可能エネルギー、デジタル技術の活用、空飛ぶ車、瞬間自動翻訳**等により、「**未来社会のショーケース**」とすることを目指す。そして、バーチャルおよびリアルが融合した新しいタイプの国際博覧会となるであろう。それは、ポストコロナ時代の大学の授業のあり方にある**ハイブリッド型授業**を進化させたものになると考えている。

世界で猛威を振るう新型コロナウイルス終息後の新たな国家プロジェクトである。**我々の命は、宇宙・海・陸地に支えられているが**、人類は己の都合を優先することで自然破壊・地球温暖化を招き、ブーメランのごとく台風等自然の逆襲を受け、都市生活が脅かされている。人類など巨大な生態系のご

開催概要（注8）

名称：	2025年日本万国博覧会（略称「大阪・関西万博」）
サブテーマ：	Saving Lives （いのちを救う） Empowering Lives （いのちに力を与える） Connecting Lives （いのちをつなぐ）
コンセプト：	Peopre's Living Lab（未来社会の実験場）
会場：	夢洲（ゆめしま）（大阪市此花区）
開催期間：	2025年4月13日（日）～10月13日（月） 184日間
想定来場者数：	約2,820万人

く一部にすぎない。自ら発明した技術で、地球規模での持続可能な開発目標（SDGs）をかかげ社会を切り開かなければならない。都市経済学もその技術の一部であると認識する。万博はその実験場であり、夢洲に加え、空も海も会場になり得るであろう。

11．ポストコロナ時代の大学の授業のあり方

図表7-11　授業の形態

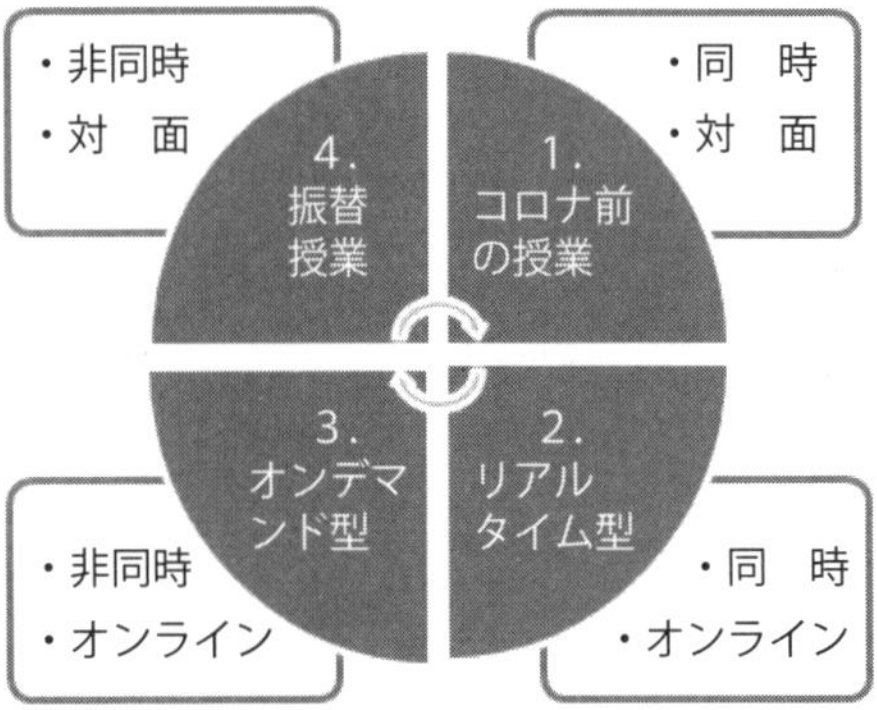

大学の授業は多くの学生が教室に密集した状態にあり、コロナの時代では、学生同士・教員学生間の双方向でのディスカッションにリスクが生じる。そのため、多くの大学では、オンライン授業またはゼミ等の少人数の授業のみ対面授業を行っている。

図表7-11の1および4はコロナ前の伝統的な方法である。他方、2および3は通信制大学で以前から実施されていたが、コロナ禍を契機に普及してきた。そして、オンライン授業の実施によって、対面授業およびオンライン授業それぞれにメリット・デメリットがあることに気が付いたのは幸いであった。

図表7-12　授業形態別メリット・デメリット

	メリット	デメリット
対　面　授　業	・理解しやすい。 ・質問を即座にできる。 ・教員や友達に会える。	・急用や病気の際は受講できない。 ・通学時間がかかる。 ・コロナ感染の危険性。
リアルタイム型オンライン授業	・リアルタイムで授業を受けることができる。 ・質問を即座にできる。	・ZOOM等の活用環境にない者は視聴できない。
オンデマンド型オンライン授業	・好きな時に視聴できる。 ・わかりづらい部分は繰り返し視聴できる。 ・スマホで視聴できる。	・質問を即座にできない。

私は、「不動産学入門A・B」および「不動産鑑定評価入門」でオンデマンド型オンライン授業＋対面での期末試験を実施した。また、エクステンションセンターの宅地建物取引士講座および賃貸不動産経営管理士講座では、**対面授業＋オンデマンド型オンライン授業**を実施した。学生諸君の満足度はきわめて高く、その証拠に国家資格合格率は大幅に上昇した。**「対面授業の代替」と考えられていたオンライン授業は、代替ではなく、併用することで相乗効果を達成できることを我々は気づいた**のである。**「対面授業＋オンデマンド型オンライン授業」**を**ハイブリッド型授業、「対面授業＋リアルタイム型オンライン授業」**を**ハイフレックス型授業**というが、以上すべてを総合してハイブリッド型授業ということも多い。

12. 相川ゼミナール

20世紀末に任意で立ち上げ、2017年より単位が認定される正式な専門ゼミナールとなる。地方自治体・実業界・学界・受験界の支援の下に、不動産および都市問題に関する実証研究をしている。不動産学を修得し、防災・相続・地方自治・空家問題・スマートシティ・万国博覧会等で社会貢献できる人材育成を目的としている。ハイブリッド型授業を存分に取り入れて高い教育効果を発揮していく所存である。

なお、ゼミ志願者数と合格者数は、2019年度は7名中5名（競争率1・4倍）、2020年度は15名中7名（同2・1倍）、2021年度は36名中11名（同3・3倍）であった。

注

（注1）京都市医療衛生企画課の発表による。。
（注2）東京カンテイの調査による。
（注3）国土交通省の公表資料による。
（注4）総合不動産サービスＪＬＬの調査レポートによる。
（注5）図表7-7、7-8ともに、住民基本台帳人口移動報告（総務省）から相川が作成した。
（注6）2020年1月に、パーソル総合研究所が、従業員10人以上の企業で働く20～59歳の男女2万人を対象に実施した。

（注7）大学通信の調査をもとに相川が作成した。
（注8）２０２０年12月25日に公益社団法人２０２５年日本万国博覧会協会より発表された「２０２５年日本万国博覧会協会基本計画」より抜粋。

第8章　初学者のための練習問題50選

1．都市・都市計画

問1　2021年4月現在、政令指定都市はいくつあるか。

1　6都市　2　10都市　3　12都市　4　20都市

問2　左記のうち、過去に存在した行政区域はいくつあるか。

①　東京市　②　東京府　③　首里市　④　堺県

1　一つ　2　二つ　3　三つ　4　すべて

問3　2021年4月現在、左記のうち、中核市はいくつあるか。

①　横浜市　②　大阪市　③　吹田市　④　徳島市

1　一つ　2　二つ　3　三つ　4　すべて

問4　2020年、左記の都市のうち猛暑日が一番少ない都市はどれか。

1　那覇市　2　京都市　3　大阪市　4　名古屋市

問5　2013年度の政令指定都市GDPに関し、正しいものはどれか。

1　第一位は、横浜市である。

2　第二位は、名古屋市である。

3　第三位は、福岡市である。

4　第四位は、札幌市である。

問6　コンパクトシティに最も関係しないものはどれか。

1　立地適正化計画　2　森林地域　3　居住誘導区域　4　居住調整地域

2. 地理・防災・歴史

問7　左記のうち、地震に最も強い土地はどれか。

1　谷の出口　2　台地　3　湿地　4　三角州

問8　左記のうち、宅地に最も向いている土地はどれか。

1　丘陵地　2　扇状地　3　急傾斜地　4　埋立地

問9　左記の地名のうち、水害に弱いと言えない場所はどれか。

1　千里丘陵　2　渋谷　3　荻窪　4　梅田

問10　土砂災害の原因となり得るものはいくつあるか。

①　シカ　②台風　③　地震　④　宅地造成

1　一つ　2　二つ　3　三つ　4　すべて

問11　耐震構造研究の発端となった地震はどれか。

1　南海地震　2　濃尾地震　3　新潟地震　4　福井地震

問12　昭和56年の耐震基準強化の原因となった地震はどれか。

1　南海地震　2　濃尾地震　3　宮城県沖地震　4　福井地震

問13　建物の構造と地震との関係に関し、正しいものはどれか。

1　耐震構造（従来型）は、家具の転倒・ドアの変形が心配である。

2　建物の骨組みにダンパーを設置するのが、免震構造である。

3　建物の土台にバネのような装置を設置するのが、制震構造である。

4　一般論として、制震構造が一番地震に強い。

問14　左記のうち、祇園祭が中止（除：延期）になった事件はいくつあるか。

①　応仁の乱　②　本能寺の変　③　新型コロナウイルス禍

1　一つ　2　二つ　3　三つ　4　なし

問15　大化の改新の詔における政策に該当しないものはどれか。

1　荘園制　2　租庸調　3　公地公民制　4　班田収授法

問16　左記の不動産に関する法律を施行順に並べたものはどれか。

①　三世一身の法　②　墾田永年私財法　③　班田収授法　④　農地法

1　③➡①➡②➡④　2　②➡①➡③➡④

3　④➡①➡③➡②　4　①➡②➡③➡④

問17　左記の史実を年代順に並べたものはどれか。

①　鵺（ぬえ）が出現　②　応仁の乱　③　貞観地震　④　本能寺の変

1　③➡①➡②➡④　2　②➡①➡③➡④

3　④➡①➡③➡②　4　①➡②➡③➡④

3．国際関係

問18　左記のメガシティのうち、人口の多い順に並べたものはどれか。

①　東京　②　ジャカルタ　③　デリー　④　ムンバイ

1　①➡②➡③➡④　2　①➡③➡②➡④

3　②➡③➡④➡①　4　④➡②➡①➡③

問19　2018年現在、世界人口に対する「都市人口」の割合は約いくらか。

1　15％　2　35％　3　55％　4　75％

問20　マーサー「2019年世界生活環境調査都市ランキング」で日本の都市はベスト50に2都市がランクインしているが、東京ともう1つはどれか。

1　大阪　2　京都　3　神戸　4　横浜

問21　問20のランキングで、世界第一位の都市はどれか。

1　ウィーン　2　パリ　3　ニューヨーク　4　ロンドン

問22　2019年の商業用不動産投資額世界第一位の都市はどれか。

1　ニューヨーク　2　ロンドン　3　パリ　4　東京

問23　世界人口に関する記述のうち、正しいものはどれか。

1　2019年現在、日本はフィリピンより人口が少ない。

2　2019年現在、日本の平均年齢は約48歳である。

3　2019年現在、アフリカ一人口の多い国はアルジェリアである。

4　2040年に、世界一人口の多い国は中国と予測されている。

4. 税金・金融

問24　左記の税制に関し、正しいものはどれか。

1　租庸調の「租」の税率は5％である。
2　「一土地一所有者の原則」を実行したのは、徳川家康である。
3　地租改正により、物納から金納に改正された。
4　地租改正前の課税標準は、土地の面積である。

問25　左記の物を買う取引で、消費税がかからないものはどれか。

1　チョコレート　2　家　3　土地　4　パソコン

問26　左記のうち、市町村が課する税金はどれか。

1　所得税　2　固定資産税　3　酒税　4　相続税

5. 都市景観

問27　左記の景観等の規制に関し、誤っているものはどれか。

1　京都四条通のマクドナルドの看板は、茶色と黄色である。

2　京都八坂神社前のローソンの看板は、白色である。
3　大阪道頓堀のグリコの看板は、不燃材料で造られている。
4　東京駅舎は歴史的建造物であるが、重要文化財に指定されていない。

問28　左記のうち、誤っているものはどれか。

1　明治神宮周辺は、特定街区に指定されている。
2　お江戸日本橋の上には、首都高速が通っている。
3　渋谷川の一部は、暗渠となっている。
4　姫路城は、世界遺産である。

6．感染症

問29　左記の感染症と宿主との組合せのうち、明らかに誤っているものはどれか。

1　インフルエンザ―鳥・ブタ
2　犬―狂犬病
3　ペスト―ラクダ
4　新型コロナウイルス―コウモリ・センザンコウ

問30　スペイン風邪に関する記述につき、正しいものはどれか。

1　第一波の死亡率は約3・5％であった。

2　第二波の死亡率は約5・3％であった。

3　第一波～第三波の合計死亡率は約3・1％であった。

4　スペインから感染が始まった。

問31　新型コロナウイルスの死亡者数に関する記述につき、正しいものはどれか。

1　2020年の死亡者数は、約1、000人である。

2　2021年1月の死亡者数は、大阪府が一番多い。

3　2021年1月末現在の全世界の感染者数は、約1億人である。

4　2021年1月末現在の全世界の死亡者数は、約百万人である。

7. 経済用語

問32　左記の経済用語等と意味との組合せのうち、正しいものはどれか。

1　金融政策 ― 政府が公共事業等に金を使う。

2　財政政策 ― 日本銀行が金利を引き下げ金を借りやすくする。

3　トレードオフ ― プラスマイナスゼロの関係である。

4　パレートの法則ー売上の8割を2割の商品で占める。

問33　ゼロサムゲームに関する記述につき、正しいものはどれか。

1　「サム」とは、プラスマイナスのことである。
2　zero-sum は、「れいわ」と和訳される。
3　一方の利益が他方の損失にならない概念をゼロゼロサムという。
4　経済を優先させれば、コロナの死者が増加するは、ゼロサムゲームの一例である。

問34　経済学の用語に関する記述につき、正しいものはどれか。

1　市場を通さずに第三者にメリットを与えることを、市場外経済という。
2　その選択をせずに別の選択をしたら得られたであろう価値のことを、機会費用という。
3　家計・企業・政府のことを、3つの経済単位という。
4　政府は、税金だけでは資金不足のときは、社債を発行する。

問35　労働生産性に関する記述につき、正しいものはどれか。

1　労働生産性 ＝ Output / Input である。
2　労働生産性は、GDP / 就業者数で表されることはない。
3　気温は、さほど労働生産性に影響を与えない。
4　湿度は、さほど労働生産性に影響を与えない。

8. 都市のニューノーマル

問36 左記のうち、グローバル化のメリットはどれか。

1 国内の工場がさらに発展する。
2 外来種の動植物が入り多様性・活力が生まれる。
3 安い製品の出現による物価下落で、我々の生活は最終的には楽になる。
4 国内だけでは成り立たない産業でも、成立できる可能性がある。

問37 「ニューノーマル」のもともとの意味はどれか。

1 3密を回避すること。
2 うがい・手洗い・マスクを徹底すること。
3 テレワーク導入のこと。
4 ネットの普及によりこれまでの経済理論が通用しなくなること。

問38 左記のうち、植物工場のデメリットはどれか。

1 害虫が多い。 2 残留農薬が多い。 3 高い。 4 青臭い。

問39 「NATS（ナッツ）」に関する都市のうち、誤っているものはどれか。

1 西宮市、尼崎市、豊中市および吹田市である。

2　4都市は、すべて中核市である。
3　2020年、大阪学院大学にて、NATSゼロが開催された。
4　4都市を合わせても、京都市の人口には及ばない。

問40　「不動産業界のニューノーマル」で、2020年時点で未達成のものはどれか。

1　テレビ電話等による重要事項説明（以下、「IT重説」という）を、宅地建物の貸借に関して実行する。
2　オンラインによるセールスをする。
3　IT重説を、宅地建物の売買に関して実行する。
4　敷金礼金をゼロにする。

問41　カーボンニュートラルとは何か。

1　温室効果ガス排出量　＞　森林によるガス吸収量
2　温室効果ガス排出量　≧　森林によるガス吸収量
3　温室効果ガス排出量　＝　森林によるガス吸収量
4　温室効果ガス排出量　＜　森林によるガス吸収量

問42　大阪・関西万博のコンセプトはどれか。

1　いのち輝く未来社会のデザイン
2　いのちを救う
3　健康長寿社会への挑戦
4　未来社会の実験場

問43　左記の授業につき（　）内に入る語句の組合せで正しいものはどれか。

	非同時	同時・オンライン
対　面	振替授業	（　①　）型授業
非対面	（　②　）型授業	（　③　）型授業

1　①ハイブリッド　②オンデマンド　③オンデマンド
2　①ハイフレックス　②オンデマンド　③リアルタイム
3　①ハイブリッド　②リアルタイム　③リアルタイム
4　①ハイフレックス　②リアルタイム　③オンデマンド

9．統　計

問44　「平成30年住宅・土地調査」によると、全国の空家数は約いくらか。

1　35万戸　2　90万戸　3　820万戸　4　846万戸

問45　法人企業統計（財務省）では、平成30年度の不動産業の売上高は約いくらか。

1　22兆円　2　32兆円　3　42兆円　4　52兆円

問46　国土交通省の公表では、令和元年の新設住宅着工戸数は約いくらか。

1　35万戸　2　90万戸　3　820万戸　4　846万戸

10．計算問題

問47　宅地建物取引業者Aが、B所有の土地を媒介してCに1、000万円で売る契約を締結させた。Aは、BおよびCから最大限いくらまで報酬を受領できるか（消費税は考慮しない）。

1　30万円　2　36万円　3　60万円　4　72万円

問48　宅地建物取引業者Aが、B所有の建物を媒介してCに200万円で売る契約を締結させた。Aは、BおよびCから最大限いくらまで報酬を受領できるか（消費税は考慮しない）。

1　10万円　2　12万円　3　20万円　4　36万円

問49　宅地建物取引業者Aが、B所有の野口五郎岳麓《ふもと》にある空家を媒介してCに200万円で売る契約を締結させた。下見等で通常の取引に比し10万円多く費用を要する場合、Aは、Bから最大限いくらまで報酬を受領できるか（消費税は考慮しない。AB間で下見等費用を受領できる合意あり）。

1　12万円　2　18万円　3　20万円　4　40万円

問50　課税標準の特例要件を満たす住宅敷地（面積200㎡）で課税標準が600万円の場合、固定資産税額はいくらか（他の条件は考慮しない）。

1　1.4万円　2　2万円　3　2.8万円　4　8.4万円

初学者のための練習問題50選・解答一覧

問1	問2	問3	問4	問5	問6	問7	問8	問9	問10
4	4	1	1	4	2	2	1	1	4
問11	問12	問13	問14	問15	問16	問17	問18	問19	問20
2	3	1	2	1	1	1	1	3	3
問21	問22	問23	問24	問25	問26	問27	問28	問29	問30
1	3	2	3	3	2	4	1	3	2
問31	問32	問33	問34	問35	問36	問37	問38	問39	問40
3	4	2	2	1	4	4	3	4	3
問41	問42	問43	問44	問45	問46	問47	問48	問49	問50
3	4	2	4	2	2	4	3	2	1

【主要参考文献】

『日本書紀』（７２０年）
『続日本紀』（７９７年）
『方丈記』鴨長明著（１２１２年）
『流行性感冒』（内務省衛生局編・１９２２年）
『詳説日本史』（山川出版・１９７６年）
『日本史教材』駿台日本史科編（駿台高等予備校・１９７７年）
『不動産に関する行政法規』相川眞一著（ＴＡＣ出版・１９９６年）
『人口から読む日本の歴史』鬼頭宏著（講談社・２０００年）
『県民経済計算』（内閣府・２０１６年）
『国際世界都市人口予測・２０１８年版』（United nations. 2018 Revision of Urbanization Prospects）
『天皇家１２５代』大角修編著（椎出版社・２０１８年）
『ゼロからの不動産学講義』相川眞一著（創成社・２０１８年）
『国連人口推計２０１９年版』（国際連合・２０１９年）
『オオカミ冤罪の日本史―オオカミは人を襲わない―』丸山直樹著（ＪＷＡ自然保護教養新書・２０１９年）
『読売新聞・教育ルネサンス』（読売新聞社・２０２０年）
『２０２５年日本万国博覧会協会基本計画』（公益社団法人日本万国博覧会協会・２０２０年）
『２０５０世界人口の大減少』（ダリル・ブレッカーおよびジョン・イビットソン）

あとがき

今、新型コロナウイルス禍の緊急事態宣言中である。大学のオンライン授業、そして唯一の対面授業である専門ゼミナールが終了し、1、000名以上のレポート課題を読んで評価も終了し、この原稿を書いているところである。

私の人生経験の中で、これほど混乱した1年はなかったであろう。都市生活のセオリーが音を立てて崩れ去ったからである。大学受験生の方々にあっては、ただでさえ大学入試センター試験から大学入学共通テストに移行し、その過程で民間英語試験や筆記試験の導入・中止というゴタゴタがあった上に、新型コロナウイルス禍でとどめを刺されるかのごとく、想像を絶する辛い思いをされたのではないかと、心苦しく思う。大学在学生の中でも、特に1年生の方は、登校できない、友達ができない、部活ができない、というきわめて残念な学生生活だったたであろう。

しかしながら、「先生、友達ができなかったのは残念ですが、勉強に専念できて大変有意義な1年でした。高校3年の1年間より大学1年時のほうが勉強量が多いです。しかも、楽しく勉強できました」と言ってくれる学生が少なくないのである。通常の授業はオンライン（ユーチューブ）で、エクステンションセンターの資格講座は対面およびユーチューブの併用（つまり、**ハイブリッド型授業**）をしたため、**真面目な学生は授業を2回視聴**した。何しろ、**スマホでいつでもどこでも好きな時に視聴できるので、学習効果が倍増した**という。その証拠に、２０２０年度**宅地建物取引士資格試験および賃貸不動産経営管理士資格試験の学内合格率が全国合格率の約3倍になった**のである。我々は、オンライン授業が対面授業の単なる代替ではないことを発見したのである。

都市化は、何百年にもわたって世界中で進行してきた。距離によって発生するコストを減らすために人々は都市に集まり、人口密度が上昇した。同じ場所で暮らし、働き、ショッピングすることは都市経済学的に効率がよい。しかしながら、テレワーク導入で出勤日数が減少するのなら郊外や田舎に住みたいと思う人が増加しているのである。

新型コロナウイルス禍は、我々に何をもたらしたのか？　**「需要の蒸発・経済活動の破壊」というムチ**を我々に打ち、逆に、**「時間からの解放」**および**「空間からの解放」というアメ**を我々に与えたといえるであろう。（1）テレワークやオンライン授業導入で会社や学校に来る日数が減少 ⬇ 自由に使える時間の増加**（時間からの解放）**、（2）会議や就活目的で地方から東京へ移動しなければならなかった ⬇ オンライン（非対面）で可能**（空間からの解放）**である。コロナが未来を引き寄せたのである。

下記の写真は，私のマンションから撮影した**金環日食**の写真である（Panasonic DMC-GF3·Kenko NIKOLMC-ND8X 使用）。

2つからの解放により、今までの都市経済理論が通用しない部分が多々出てくるであろう。

2050年には宇宙エレベーターが完成し、我々人類は容易に月に旅行できる時代が来るかもしれない（詳細は、『令和時代の不動産学講義』参照）。まさに、これは空間からの解放となりうる。ポストコロナの経済学を考え、拙い私の経済理論とはいえ、微力ながら社会貢献できれば幸いである。学生諸君も、単に学問を習得するだけではなく、自ら考察し、ワード等にまとめ、発表できるようになっていただきたい。

最後に、常日頃より的確なご指導をしてくださった大阪学院大学経済学部教授の鎌苅宏司先生、新聞社やテレビ局からの取材依頼に迅速に対応してくださった大阪学院大学広報課の職員の皆さま、ならびに、本書出版に多大なるご尽力をしてくださった創成社の西田徹様に深く御礼申し上げます。

相川眞一

重要項目一覧

タ

ナ

ハ

マ

《著者紹介》

相川眞一（あいかわ・しんいち）

大阪学院大学経済学部准教授。

大学１年次より資格の学校の講師を務め，2021年で43年目を迎える。

2016年４月より，准教授に就任。

専門分野は，「不動産学」「都市経済論」。

2021年４月１日　初版発行　　略称－都市経済

ゼロからの都市経済学講義

著　者　相川眞一

発行者　塚田尚寛

発行所　東京都文京区春日２－13－１　株式会社　創成社

電　話 03（3868）3867　　ＦＡＸ 03（5802）6802

出版部 03（3868）3857　　ＦＡＸ 03（5802）6801

http://www.books-sosei.com　振　替 00150-9-191261

定価はカバーに表示してあります。

ISBN978-4-7944-3217-9 C3033

Printed in Japan

組版：スリーエス　印刷：エーヴィスシステムズ

製本：エーヴィスシステムズ

落丁・乱丁本はお取り替えいたします。